Dialog subtil cu
CORPUL

Un nou fel de a vedea,
a fi și a vindeca

DR. DAIN HEER

Titlul în original: *Body Whispering*
Copyright © 2021 Dr. Dain Heer
Access Consciousness Publishing
www.acpublishing.com

Dialog subtil cu corpul
Copyright © 2024 Dr. Dain Heer
Access Consciousness Publishing
ISBN ediție tipărită: 978-1-63493-679-8
ISBN e-book: 978-1-63493-680-4

Toate drepturile sunt rezervate. Nicio parte din această publicație nu poate fi reprodusă, salvată într-un sistem de stocare sau transmisă, în orice formă sau prin orice mijloc, electronic, mecanic, de fotocopiere, de înregistrare sau altele, fără permisiunea anterioară obținută în scris de la editură.

Autorul și editorul cărții nu fac nicio promisiune și nu garantează niciun rezultat de ordin fizic, mental, emoțional, spiritual sau financiar. Toate produsele, serviciile și informațiile furnizate de autor sunt doar cu scop de informare generală și de divertisment. Informația prezentată aici nu constituie, în niciun fel, un înlocuitor pentru recomandări medicale sau profesionale de altă formă. În cazul în care folosiți pentru voi înșivă oricare din informațiile cuprinse în această carte, autorul și editorul nu își asumă nicio responsabilitate pentru acțiunile voastre.

Design copertă: Audrey Denson
Imagine copertă: Alannah Avelin
Design pagini interior: Zoe Norvell
Traducere din limba engleză: Alina Ileana Stoian

RECUNOȘTINȚĂ

Poate crezi că tu ai fost cel care a ales să citească această carte. Eu sunt foarte sigur că nu ai fost. E foarte posibil ca, ceva cu mult mai potent, să fie implicat aici: CORPUL TĂU. Tu, prietene, nu faci altceva decât să iei parte la călătorie.

Am ignorat conștientizările și capacitățile corpurilor noastre timp îndelungat. Acum, ele se trezesc.

Corpurile noastre aud chemarea Pământului și a lumii din jurul nostru, iar șoaptele lor devin mai puternice pe zi ce trece.

Această carte este invitația pentru tine să devii cineva care poartă un dialog subtil cu corpurile (va trebui să citești această carte pentru a descoperi ce înseamnă asta cu adevărat). În această călătorie voi face tot ce pot pentru a-ți arăta de ce anume am început să devin conștient cu mulți ani în urmă, când mi-am dat seama că trupurile îmi vorbesc. Tot timpul. Foarte tare.

Pentru tine va suna diferit față de cum este pentru mine, dar elementele de bază sunt valabile chiar și așa. Primul pas este să recunoști că da, corpurile vorbesc – dar nu în cuvinte.

Aș dori să-i mulțumesc corpului meu pentru că mi-a arătat ce este cu adevărat posibil și, în același timp, să-i cer iertare pentru cât de mult timp mi-a luat să încep să-l ascult.

Aș dori să mulțumesc fiecărui corp pe care am avut onoarea și plăcerea să-l întâlnesc, pe care am lucrat, cu care m-am jucat și de la care am învățat în ultimii douăzeci și ceva de ani. De fapt, fiecare persoană pe care am întâlnit-o vreodată și pe care am îmbrățișat-o și fiecare sesiune pe care am oferit-o sau am primit-o vreodată a contribuit acestei cărți.

În încheiere, aș dori să-i mulțumesc lui Gary Douglas. Întâlnirea cu el – acum mai mult de douăzeci de ani – și prima sesiune de ceea ce acum numesc *Sinteza energetică a ființei* mi-au făcut cunoștință cu adevăratele capacități pe care noi și corpurile noastre le avem la dispoziție.

Poate că, fără acea invitație, eu și corpul meu nu am fi devenit cocreatorii care suntem astăzi.

Gary spune adesea că, tot ce a învățat vreodată, a învățat de la un cal. În cazul meu, fiecare pas spre măreție pe care l-am făcut vreodată a început cu o șoaptă din partea corpului meu.

Este acum momentul pentru ca tu să te întâlnești cu corpul tău? Sigur?

Hai să începem.

Iar Pământul (și toate corpurile care locuiesc aici) jubilează.

— Dain

Cuprins

Introducere:
Mâna sus dacă ești o persoană care dialoghează subtil cu corpurile
1

PARTEA ÎNTÂI: Un nou fel de a vedea
7

1. Energia: Să reînvățăm limbajul nostru primordial
11

2. Conștiința: Cheia pentru crearea schimbării
19

PARTEA A DOUA: Un nou fel de a fi
29

3. A-ți asculta corpul și a vorbi cu el
33

4. Corpul, un receptor paranormal
55

5. Renunțarea la judecată
63

PARTEA A TREIA: Un nou fel de a vindeca
85

6. Distanțarea de empatie, compătimire și devotament
89

7. Vindecare cu haos
95

8. Congruența
107

9. A fi în întrebare
119

10. Totul la un loc: A practica din starea de prezență
129

11. Totul are legătură cu clientul tău
167

12. A-ți cunoaște valoarea ca vindecător – meriți să fii plătit?
189

Crearea viitorului: de la teorie la practică
210

Resurse:
Prim-plan cu fraza de curățare
219

INTRODUCERE

Mâna sus dacă ești o persoană care dialoghează subtil cu corpurile

La începutul aproape fiecărui curs sau seminar pe care îl facilitez, pun întrebarea de mai sus. Unii participanți ridică mâinile imediat, alții le ridică timid. Și câțiva nu le ridică deloc.

În ce te privește — ești tu o persoană care dialoghează subtil cu corpul?

Ceva dinăuntrul tău a spus pur și simplu... *da*?

Este interesant de observat *momentul în care* cineva devine o persoană care dialoghează subtil cu corpurile – sau vindecător, sau facilitator – oricare ar fi termenul pe care îl preferi. Este atunci când deschizi un cabinet? Este atunci când ești plătit? Este atunci când ai o dovadă concretă, de necontestat că ai ameliorat, ai vindecat sau ai îmbunătățit viața cuiva?

Sau devii vindecător atunci când alegi să recunoști că ai fost asta tot timpul? Cum ar fi dacă pentru acest motiv ești acum aici, citind această carte?

Dă-mi voie să încep prin a-ți ura bun venit așa cum se cuvine...

Bun venit și salutare, vindecătorule!

Salut celor care o pot spune relaxat și salut celor care au o vagă idee, o scânteie de idee despre faptul că există un fel diferit de a fi cu propriul lor corp și cu corpurile celorlalți.

Salut celor care parcurg acest drum de ani de zile: practicienii și facilitatorii care lucrează cu energia, terapeuții maseuri, practicienii de Reiki și cei care practică acupunctura; medicii care lucrează la camera de gardă, psihologii, asistentele medicale, oamenii din prima linie.

Salut fiecăruia în parte care dorește să facă o schimbare în lumea lui și în lumile celorlalți.

Sunt extrem de recunoscător că ești aici, chiar dacă nu crezi că te integrezi în vreuna din categoriile de mai sus.

Această carte este foarte dragă sufletului meu. Conceptele, povestirile, instrumentele și tehnicile împărtășite în aceste pagini s-au născut din – și au legătură cu – călătoria mea personală ca factor de schimbare; o călătorie fericită, de douăzeci de ani, pe parcursul căreia am facilitat și am fost martor la o schimbare fenomenală atât în corpul meu, cât și în corpurile a sute de mii de persoane.

Ceea ce împărtășesc aici este o paradigmă complet diferită despre vindecare, schimbare și transformare. Ce este minunat este faptul că poți folosi oricare dintre instrumentele din această carte alături de metoda sau tehnica ta favorită și, împreună, ele vor accelera și vor accentua schimbarea pe care o poți crea.

Îți dai seama că a inița schimbare în corpurile oamenilor poate fi ușor, fără efort, fluid și... amuzant?

Știi că poți păși într-un spațiu de a fi – un spațiu în care obții conștientizări și percepții care au capacitatea de a schimba și de a crea universuri întregi? Atunci când vezi acel fel de schimbare chiar sub ochii tăi, se simte – nici mai mult nici mai puțin – ca un miracol. Resimți un moment de euforie intensă, cu un substrat de pace: pentru că faci exact ceea ce ai venit să faci aici.

Spațiul tău de a fi este unic și doar pentru tine. Tu ai capacitatea de a oferi altora o schimbare vindecătoare prin simpla ta prezență lângă ei.

Dacă în timp ce citești (chiar și acum, poate?) ideile sau conceptele din această carte par abstracte sau dificil de priceput sau de înțeles, te rog să știi că e în regulă. Nu trebuie să te străduiești din greu să „pricepi". Continuă să citești și bucură-te de proces. Permite pieselor să se așeze la locul lor. Alege ce este potrivit pentru tine, lasă deoparte ceea ce nu este. Experimentează, joacă-te. Fii deschis și e posibil ca viața și afacerea ta să devină mai maleabile, mai dinamice și mai vesele.

Iată cum a funcționat pentru mine.

Acum douăzeci de ani, eram un chiropractician care locuia într-unul dintre cele mai bogate și mai frumoase locuri din lume și eram logodit cu o femeie care părea perfectă pentru mine. Teoretic, aveam tot ce îmi trebuie. Practic, eram o epavă: nefericit și complet neconectat cu cine eram cu adevărat și cu ce îmi doream cu adevărat.

Chiar dacă mai aveam puțin până la deschiderea celui de al doilea cabinet de chiropractică, știam undeva în sufletul meu că nu cream genul de schimbare care mă inspirase să devin medic. Eram neîmplinit și eram disperat. Atât de disperat încât mi-am stabilit o zi când urma să-mi curm viața, în cazul în care lucrurile nu se schimbau radical. Și într-adevăr s-au schimbat: am descoperit instrumentele din Access Consciousness® și am pășit în adevăratele mele abilități ca *mine însumi*. Am putut să mă eliberez de atât de multe lucruri care mă limitau – inclusiv relația care părea atât de bună pentru mine dar era departe de a fi așa ceva. Mi-am descoperit adevărata potență de creator al vieții mele și, inevitabil, acest lucru a schimbat într-un mod uluitor și felul în care lucram pe corpurile oamenilor.

Într-un interval de timp foarte scurt în care am folosit instrumentele Access Consciousness, am început să văd miracolele pe care mi-am dorit întotdeauna să le creez în cabinetul meu de chiropractică. Am elaborat o modalitate numită *Sinteza energetică a ființei* (ESB) în timp ce lucram pe Gary Douglas, fondatorul Access, modalitate pe care în prezent o utilizez și o predau oamenilor. Am devenit cocreatorul mișcării Access Consciousness iar viața mea nu a mai fost la fel începând din acel moment – în cel mai bun sens imaginabil. Cu fiecare zi, viața mea continuă să se schimbe și să evolueze în moduri incredibile. Așa că nu spun asta în mod superficial: instrumentele Access Consciousness nu numai că mi-au schimbat viața – mi-au *salvat* viața.

Dacă le permiți, ele ar putea avea un impact extraordinar și asupra vieții și afacerii tale.

Știi că tu deschizi un nou drum?

Este posibil ca instrumentele prezentate în aceste pagini să nu semene cu nimic altceva din tot ce ai întâlnit până acum. Pe măsură ce citești, vei întâlni idei și concepte care îți vorbesc imediat și te vei surprinde dând din cap aprobator sau chiar spunând cu voce tare: „Da, absolut!" Dacă e așa, citește acele lucruri de mai multe ori.

De asemenea, pot fi concepte pe care le vei privi cu atenție și vei spune: „Mda! Vezi să nu!" Citește-le și pe acestea de mai multe ori. De ce? Pentru că există posibilitatea ca, în conceptele de care vrei să te distanțezi, să existe un dar care este pentru tine. O pepită sau o conștientizare cu privire la ce poți schimba pentru a-ți face viața și cabinetul cu mult mai dinamice decât până acum.

Îți mulțumesc că ești dispus să fii și să explorezi ceva diferit. Și când spun diferit, vreau să spun *complet* diferit. Tu deschizi ușa către un spațiu în care foarte puțini oameni au fost dispuși să pătrundă. Tu ești în avanpostul vindecării, luând parte la conversații pe care le au foarte puțini oameni de pe această planetă. Pentru moment!

Ne vom începe călătoria cu tine: prin a dezvolta o comuniune cu propriul tău corp și a înțelege ce dar este el. Corpurile noastre nu sunt izolate. Pe măsură ce creezi o conexiune mai puternică între tine și corpul tău, vei crea și o legătură mai puternică cu corpurile altor oameni. Nu există un fel corect sau greșit de a purta un dialog subtil cu corpurile: este ceva ce ești deja. Cel mult, deblocăm momentele în care nu ai fost capabil să faci asta... până acum.

Vom pune în discuție opiniile clasice cu privire la cum să vindeci oamenii și vom aduce la lumină aspectele care creează boală, durere și disconfort. Ne vom uita la rolul stării de prezență, al haosului și al întrebărilor în procesul de vindecare. Vom explora granițele lucrului cu oamenii și granițele conștiinței. Vom examina posibilități pe care alții le-ar putea califica drept neobișnuite, diferite sau chiar bizare. Și asta este în regulă pentru mine. Când vei experimenta tu însuți schimbarea, e posibil să constați că și pentru tine lucrurile ciudate sunt în regulă.

Nimeni nu este mai măreț decât tine. Nu există niciun motiv pentru care tu să nu poți descoperi în aceste pagini lucruri de care eu nu sunt conștient încă. Acesta este un efort comun extraordinar – și îți mulțumesc că vii alături de mine. Sunt extrem de entuziasmat să văd schimbarea pe care o vei crea *tu*.

Începem?

PARTEA ÎNTÂI

UN NOU FEL DE A VEDEA

Cum ar fi dacă ai putea avea o conexiune instantanee cu fiecare moleculă din Univers?

—

Cum ar fi dacă ai avea un sistem intern de ghidare care, de îndată ce te-ai racordat la el, te poate conduce către cele mai înălțătoare alegeri pentru viața și existența ta?

—

Este momentul să explorezi conceptul conștiinței și să trăiești dintr-un spațiu

al dăruirii, al primirii și al lipsei de judecată?

—

Aceste două capitole de început formează fundația pentru tot ce urmează; tot ce trebuie să faci tu este să citești cu ochii deschiși și fără idei preconcepute.

CAPITOLUL 1

ENERGIA

Să reînvăţăm limbajul nostru primordial

Să începem prin a ne gândi o clipă la multiplele şi variatele feluri în care comunicăm unii cu ceilalţi, pe această planetă frumoasă pe care locuim în prezent.

Ce metode de comunicare îţi vin în minte? Cum ne transmitem cine suntem, ce nevoi avem, unde mergem sau de unde venim?

Ne folosim vocea pentru a vorbi – în persoană, la telefon, uneori prin apeluri video.

Scriem – pe hârtie sau în mediul electronic. Trimitem e-mailuri, mesaje instantanee şi ne împărtăşim în mediul online starea în diverse momente. Trimitem scrisori dacă avem înclinaţii către tradiţional sau scriem cărţi dacă avem de împărtăşit ceva important. Ador faptul că am scris această carte acum câteva luni, sau acum câţiva ani dacă o descoperi mai târziu, şi iată-te, mă auzi dincolo de timp. Poți citi aceste rânduri pe o pagină din hârtie sau pe un ecran, sau poate asculți cartea în format audio.

Unii dintre noi desenează, pictează sau compun muzică pentru a le transmite celorlalți cine suntem și ce este important pentru noi.

Când ne aflăm față-n față nu folosim doar cuvinte, folosim și limbajul corpului: facem ochii mari dacă suntem șocați sau îi dăm peste cap dacă suntem frustrați. Ne încrucișăm brațele când avem îndoieli sau le ridicăm în aer când suntem entuziasmați.

S-ar putea spune că am făcut din comunicarea verbală, scrisă și fizică o adevărată artă!

Și dacă există un alt fel de a vorbi, a conversa, a comunica?

Cum ar fi dacă am avea la dispoziție mult mai mult decât ne dăm seama?

Și cum ar fi dacă accesul la aceste lucruri ne-ar putea schimba viețile în moduri fenomenale?

Energia este primul limbaj al corpului tău și este prima *ta* limbă

Ai pășit vreodată într-o încăpere și ai știut într-o secundă că oricine se afla în acea încăpere era supărat pe tine? Poate că era partenerul tău, mama ta, sora ta, șeful tău. Chiar înainte ca ei să fi spus vreun cuvânt sau să te fi privit în ochi, chiar în secunda în care ai pus mâna pe clanța ușii, ai știut că ei nutreau un resentiment sau o judecată.

Cum? Pentru că ai detectat acest lucru, ai simțit acest lucru, ai *știut* acest lucru – și era energia lor care ți-a comunicat acest lucru.

Iată încă un mod prin care energia ne vorbește. Există cineva în viața ta care este realmente pe aceeași lungime de undă cu tine, care te înțelege cu adevărat și care – printr-un simplu *Bună* spus la telefon știe că te confrunți cu ceva dificil în viață? Cuvintele tale poate că spun că ești bine dar prietenul tău aude altceva – aude energia ta.

Este rapidă, imediată, naturală... și poți avea acea conexiune instantanee, acel limbaj comun, cu *tot* din Univers. Totul.

Inclusiv, sau *mai ales*, cu corpul tău. Este vorba doar despre a alege să fii într-o stare de receptivitate și să practici această abilitate de care nu ai fost conștient până acum.

Asta începe cu tine.

Apăsător sau ușor

Dacă abia descoperi acest mod de a gândi despre energie, primul pas este să îți observi propria energie. De îndată ce începi să devii conștient de ea, te vei întreba cum de ai ratat asta până acum.

Dă-mi voie să te întreb: în general vorbind, când ceva ți se pare că e bine, sau când ești entuziasmat, sau când respiri ușurat, sau ești fericit, sau liniștit: te simți *apăsat* sau *ușor*?

Ușor, nu-i așa?

Și atunci când ești îngrijorat dintr-un motiv, sau speriat, sau trist, sau neliniștit: te simți *apăsat* sau *ușor*?

Îmi imaginez că apăsat.

Un alt unghi din care te poți uita la aceste aspecte ar putea fi: atunci când ești fericit, simți că energia ți se expansionează? Și atunci când ești trist, detectezi cum energia îți este contractată sau poate comprimată?

Ideea către care te conduc este că tu știi când ceva este potrivit pentru tine sau, mai bine spus, când ceva este *adevărat pentru tine*, atunci când percepi o senzație de expansionare – o ușurință – în jurul acelui lucru. Când ceva nu este potrivit pentru tine sau este o minciună pentru tine, te simți contractat – sau apăsat.

Senzația de *apăsare* sau *ușurință* este percepută diferit de fiecare în parte, așa că nu-ți pot spune cum se simte dar poți să descoperi cum este în cazul tău.

Unii oameni descriu senzația de *ușurință* ca pe o explozie de bucurie, un zâmbet permanent sau un sentiment de expansionare și că totul este posibil. În ce privește sentimentul de *apăsare* este ca și cum ar fi obosiți, ar duce în spate o greutate sau s-ar afla într-un spațiu închis.

Privește *apăsarea* și *ușurința* ca pe sistemul tău de ghidare interioară. Pentru a-l putea cunoaște, începe prin a-l observa. Când te afli în preajma cuiva cu care nu rezonezi, observă sistemul. Când te afli în prezența cuiva care te face să te simți relaxat, observă sistemul. Când ești pe cale să faci ceva ce adori să faci, observă sistemul.

Înainte să faci ceva care te îngrozește, observă sistemul – iar asta te-ar putea surprinde. Ai putea simți *ușurință* chiar și atunci când urmează să faci ceva terifiant. De ce? Deoarece, din punct de vedere energetic, entuziasmul și frica se simt aproape la fel. Dacă percepi ușurință atunci poți fi aproape sigur că ceea ce crezi că e frică este, de fapt, entuziasm. Energia și-a spus cuvântul!

Sfatul meu este să nu gândești prea mult! Doar începe să te conectezi la uluitoarea conștientizare interioară pe care o ai în mod natural.

GÂNDEȘTE-TE O CLIPĂ

ȘTIAI...?

Fiecare moleculă din Univers are conștiință: fiecare plantă, fiecare picătură de ploaie, fiecare pală de vânt. Fiecare animal, fiecare copac, fiecare piatră prețioasă, fiecare piatră. Fiecare clădire, fiecare mașină, fiecare utilaj. Fiecare persoană, fiecare obiect.

Fiecare *corp*.

Corpul meu, corpul tău, corpurile cu care lucrezi, corpurile pe care le cunoști – toate au conștiință.

Aceasta nu este o descoperire nouă. Einstein a recunoscut conștiința în fiecare moleculă și fiecare element din Univers. Și – aici este cheia – a recunoscut că aceste molecule conștiente comunică una cu cealaltă, *tot timpul*.

Cum asta? Grație limbajului tău primordial. Acest limbaj care este mai sofisticat și mai rapid decât cuvintele: energia.

Oare corpul tău a încercat să comunice cu tine de foarte mult timp?

Și ce s-ar întâmpla dacă ai începe să asculți?

CAPITOLUL 2

CONȘTIINȚA

Cheia pentru crearea schimbării

Conștiința este un concept care poate părea dificil de înțeles dar, în același timp, ușor de cunoscut.

Devine dificil doar atunci când încercăm să-l pricepem cognitiv! Mintea intră în acțiune și caută avid un sens în toate. Chestia e că mintea umană are această nevoie exagerată de a raporta concepte noi la alte concepte pe care le pricepe deja și cu care este familiară și abia apoi poate adăuga noul concept în cutia marcată cu „Lucruri pe care le înțeleg perfect".

Felul în care descriu eu conștiința poate să difere semnificativ de definițiile cu care ești tu obișnuit. Fii deschis atunci când citești și, pe măsură ce citești, ascultă-ți ghidarea interioară: observă dacă lucrurile despre care vorbesc deschid noi posibilități pentru tine și dacă se creează o senzație de apăsare sau ușurință.

În conștiință, totul există și nimic nu este judecat

A fi conștient este mai degrabă o alegere decât un status pe care îl obții sau un nivel la care ajungi. Este deja în tine, în jurul tău și este la dispoziția ta. Poate că, până acum, nu ai fost în măsură să-l alegi pentru că nu ți-ai dat seama că este o posibilitate.

Este vorba despre unitate. Este vorba despre permisivitate față de toți și toate, față de fiecare alegere și este despre a nu judeca niciodată.

În conștiință nu există separare. Primești totul: ce e bun, ce e rău, ce e urât. Doar că nu trebuie să le împarți în aceste categorii. În conștiință, polaritățile de bun și rău nu mai constituie forța motrice a vieții și existenței tale.

Capcana perfectă

Unul din miturile acestei realități este că judecata e necesară pentru a crea o lume funcțională. Am fost învățați că trebuie să judecăm pentru ca lucrurile să se petreacă bine în această realitate; judecata este ceea ce folosim pentru a aborda totul: de la relații până la muncă, cultură, spiritualitate, sănătate și corpuri. Cei mai mulți dintre noi ne trăim viața fiind convinși că greșim și, în același timp, încercăm cu înverșunare să avem dreptate sau să ne convingem pe noi înșine că avem dreptate.

Asta devine capcana perfectă.

Și dacă niciuna din acestea nu este adevărată sau reală? Dacă judecata este una dintre cele mai mari limitări care există? Dacă de fiecare dată când decizi că ceva e bun, rău, corect sau greșit te limitezi pe tine, limitezi persoana sau lucrul pe care îl judeci, limitezi ceea ce ai putea primi și îți restrângi lumea (și lumea în general)?

Unii pretind că drumul spre libertate constă în a-i vedea pe toți și totul ca fiind buni. Înțeleg ideea, i-am subscris și eu mult timp. Originea ei este în dorința de a crea o lume mai blândă, mai pașnică, mai grandioasă. Dar asta creează o mare problemă: pentru a vedea totul ca fiind bun, trebuie să ne reducem drastic conștientizarea cu privire la tot ce nu se integrează în acel tipar. Și sunt o mulțime de lucruri!

Pe de altă parte, conștiința include totul și pe toată lumea; nu judecă nimic și pe nimeni. Dacă vrei cu adevărat să fii conștient, trebuie să fii dispus să vezi ce e bun, ce e rău și ce e urât la cineva – sau la tine – pe care îl alegi în prezent, și să vezi și capacitatea pe care o are toată lumea de a alege ceva diferit. Și observă toate acestea fără niciun punct de vedere sau plan.

Dacă profesorii și părinții noștri chiar ar fi vrut să ne învețe cum să navigăm prin lume mai ușor, ne-ar fi putut întreba: *„De ce anume ești conștient în această situație? Dacă faci această alegere, ce va crea ea?"*

Astfel, am fi putut învăța să ne folosim conștientizarea pentru a crea ceea ce ne doream – în loc să ne folosim judecata pentru a trage concluzii cu privire la ce trebuia să evităm.

Fraza de curățare – acceleratorul schimbării

Ești pregătit să descoperi unul dintre cele mai bizare, nebunești și dinamice instrumente din Access Consciousness?

Noi îi spunem **fraza de curățare** care, de fapt, este o denumire foarte literală și directă pentru că are capacitatea de a curăța orice te blochează, te limitează și te împiedică să accezi la măreția ta autentică și la starea ta firească.

Care este starea ta firească? Este una a posibilităților, potenței, fericirii și ușurinței iar fraza de curățare te conduce la această stare mai repede decât orice altceva cunosc eu.

Iat-o:

> *Right and wrong, good and bad, POD and POC, all 9, shorts, boys, POVADs and beyonds.*

Dacă este prima dată când vezi aceste cuvinte, este foarte probabil ca mintea ta să spună „Ăăăăă, poftim?" Și e firesc! Nu e nevoie să știi sau să înțelegi la nivel cognitiv ce înseamnă aceste cuvinte (radical, nu-i așa?) pentru ca ele să creeze schimbare în energia și în viața ta.

Dar eu știu că minții îi plac răspunsurile și, dacă îți dorești o explicație defalcată a acestor cuvinte și expresii, o găsești la finalul cărții – poți să mergi acolo chiar acum dacă vrei.

Ai fost? Ai revenit? Grozav.

Cea mai rapidă cale de a înțelege fraza de curățare este să o vezi în acțiune, ceea ce vom face și noi imediat. Înainte de asta, însă, e bine de știut că fraza de curățare vine mereu după o întrebare – deoarece întrebările aduc la suprafață energia *și* au o capacitate uluitoare de a ne deschide lumile către posibilitatea schimbării.

Așadar, iată o întrebare pentru tine:

Ce ai crezut a fi adevărat despre tine care, de fapt, nu este adevărat și care te menține mic?

Observă energia pe care această întrebare o aduce la suprafață: acesta este întotdeauna primul pas. Percepe energia întrebării fără să cauți răspunsuri sau concluzii clare.

Următoarea parte a procesului implică o altă întrebare – de obicei, este ceva de genul: *Ai fi dispus să distrugi și să decreezi toate acestea acum?* Cu alte cuvinte, ești dispus să renunți la ce anume te limitează: toate sentimentele, gândurile, emoțiile, judecățile, concluziile și calculele și toate celelalte pe care le-ai instituit și care te împiedică să fii atât de îndrăzneț, măreț și frumos pe cât ești cu adevărat?

În definitiv, ce facem noi este să pregătim terenul pentru fraza de curățare:

Right and wrong, good and bad, POD and POC,
all 9, shorts, boys, POVADs and beyonds.

deoarece fraza de curățare este cea care distruge și decreează orice a ieșit la suprafață atunci când am pus prima întrebare.

Uită-te la cuvintele din întrebarea premergătoare frazei de curăţare: *„Vrei să"* – sunt esenţiale. Pentru ca fraza de curăţare să îşi facă treaba, tu trebuie să fii dispus să îi *dai voie* să-şi facă treaba. Pentru ca ceva să se schimbe, TU trebuie să alegi. Uneori vei fi pe de-a-ntregul dispus şi pregătit, şi vei elimina toate zidurile, barierele şi limitările care apar iar alteori, poate trebuie să pui întrebarea şi să rulezi fraza de curăţare de câteva ori sau de câteva zeci de ori pentru a începe să simţi spaţiul şi libertatea pe care ea le aduce.

Scurtă remarcă: nu încerca să ştii, să *pricepi* sau să ai certitudine cu privire la asta. Atunci când întrebi dacă eşti dispus să distrugi şi să decreezi, tu te întrebi pe TINE şi este alegerea ta – o alegere care merge cu mult dincolo de mentalul cognitiv. Este o alegere făcută de către fiinţa ta.

Iată versiunea completă a exemplului pe care l-am studiat. Poate vrei să rulezi asta integral şi să observi ce se întâmplă cu energia pe care o percepi.

> *Ce ai crezut a fi adevărat despre tine care, de fapt, nu este adevărat şi care te menţine mic? Vrei să distrugi şi să decreezi toate acestea?* **Right and wrong, good and bad, POD and POC, all 9, shorts, boys, POVADs and beyonds.**

Sfatul meu este să te joci cu folosirea frazei de curăţare atunci când apare pe parcursul acestei cărţi. Pentru că, dacă funcţionează? Şi dacă ea ar crea – cu uşurinţă, rapid şi fără efort – schimbare şi transformare în lumea ta, în corpul tău, în fiinţa ta – schimbări care nu ai crezut că sunt posibile?

PARTEA ÎNTÂI

Poate că te întrebi...

Trebuie să folosesc fraza de curățare pentru a crea schimbare?

Nu neapărat. Privește-o ca pe un accelerator, un instrument care îți poate deschide lumea și-ți poate lărgi orizonturile. Și fără ea poți înțelege că unele dintre punctele tale de vedere te-au ținut probabil pe loc; dar cu ea, le poți schimba – și poți face asta cât ai clipi.

Trebuie să rostesc cuvintele cu voce tare?

Fraza de curățare funcționează fie că o spui cu voce tare, fie în gând sau abia șoptit. Funcționează, de asemenea, dacă folosești varianta prescurtată „POD și POC", care reprezintă punctul distrugerii și punctul creației.

Poftim? Punctul creației, punctul distrugerii?

Cu această formulare cerem energiei să se întoarcă acolo de unde a provenit, astfel încât noi să ne eliberăm de limitările sale și să alegem altceva. POD și POC sunt super eroii conștiinței. Ei dizolvă toate limitările pe care le-ai creat (POC) sau tot ce ai distrus și care ar fi putut să creeze mai mult pentru tine (POD). Probabil că nu există un singur punct de origine a energiei pe care o cureți – ar putea fi un miliard, un trilion sau chiar un dumnezelion.

Un dumnezelion?

Un dumnezelion este un număr atât de mare încât doar Dumnezeu îl știe. Pentru fraza de curățare el este, într-un fel, precum steroizii. Îl vei remarca uneori în fraza de curăţare – îi amplifică puterea!

Ca practician al tehnicilor de vindecare, pot folosi fraza de curăţare atunci când lucrez pe alţi oameni?

Categoric! Pe parcursul cărţii îţi voi oferi câteva moduri în care o poţi folosi. Dacă alegi să o rosteşti cu voce tare – şi dacă vrei să le spui oamenilor că provine din această carte sau din Access Consciousness, e grozav – şi, în acelaşi timp, nu trebuie să faci acest lucru.

În esenţă, fraza de curăţare are la bază ideea că totul poate fi schimbat. Uită-te la ceva solid din încăperea în care te afli: peretele, o masă, o ceaşcă de cafea, o vază. Par a fi foarte solide, nu-i aşa? Cu toate acestea, ştiinţa ne spune că totul este, de fapt, 99,99% spaţiu. Acele obiecte par a fi solide deoarece moleculele s-au aranjat astfel, iar punctul nostru de vedere şi aşteptările noastre le menţin aranjate în acel fel.

Şi dacă totul din viaţa ta se poate schimba? Inclusiv – şi mai ales – limitările tale, care par atât de solide şi reale?

Cum ar fi dacă ai putea accesa spaţiul din interiorul acelui solid şi ai putea trece prin inima acelor limitări?

Folosirea frazei de curățare dincolo de paginile acestei cărți

Uneori, pe parcursul existenței tale, vei percepe o energie limitativă în jurul unei situații, a unei persoane sau a unui eveniment. Poate ești pe drum spre o întâlnire de afaceri, ești îngrijorat sau neliniștit cu privire la modul în care ideile tale vor fi primite. Acea energie – greoaie, limitativă – poate fi eliberată cu POD și POC.

Sau, poate ești pe punctul de a face ceva ce ai așteptat cu nerăbdare să faci de zile sau luni întregi: poate ești pe drum către cina cu cel mai bun prieten sau poate te îndrepți spre locul tău favorit din toată lumea asta și unde ai mai fost de multe ori deja – și resimți acea energie solidă, limitativă și habar nu ai de ce. Pentru a o putea curăța nu trebuie să știi de ce se află acolo, și nici nu trebuie să știi de unde a venit. Observă energia și folosește varianta prescurtată: „POD și POC, POD și POC, POD și POC".

Genialitatea frazei de curățare – și motivul pentru care o numesc adesea *bagheta magică* – este că funcționează și schimbă orice te limitează și nu ai nevoie să petreci ore întregi făcând terapie și nu trebuie să-ți analizezi comportamentul sub lupă. Convingerea limitativă pe care o disipezi ar putea fi ceva ce ai creat săptămâna trecută, anul trecut sau într-o viață anterioară. Nu contează. Acum o poți schimba.

Aceasta este puterea pe care o are fraza de curățare: îți dă voie să folosești haosul maleabil al conștiinței pentru a crea o realitate nouă.

PARTEA A DOUA

UN NOU FEL DE A FI

Călătoria ta ca persoană care dialoghează subtil cu corpurile a început cu introducerea despre energie și conștiință.

—

Și dacă restabilirea conexiunii dintre tine și corpul tău este catalizatorul a tot ce urmează?

—

Cum ar fi dacă ai fi dispus să descoperi modul în care corpul folosește durerea și disconfortul pentru a comunica cu noi?

—

Cum ar fi dacă ai putea dezvălui cauza principală a tuturor bolilor și, având acea conștientizare, ai putea aduce o schimbare vindecătoare propriului corp și corpurilor cu care lucrezi?

—

Ce ar fi posibil în această situație?

CAPITOLUL 3

A-ți asculta corpul și a vorbi cu el

Stai puțin și gândește-te cum a început relația ta cu propriul corp în primii ani ai copilăriei tale. Și mai ales amintește-ți momentele când mâncai.

Cine hotăra *când* mâncai? Cine hotăra *ce* mâncai? Cine hotăra *cât de mult* mâncai?

Îți dădeau părinții voie să sari peste legume și să treci direct la desert?

Ce se întâmpla dacă erai plin dar nu mâncaseși totul? Ce se întâmpla dacă îți era foame în afara programului de masă? Mâncarea era folosită ca o recompensă pentru că erai cuminte sau ca o modalitate de a te calma când erai prea intens? Dacă terminai tot din farfurie era considerat un gest de respect față de părinții tăi și, în același timp, un semn de compasiune față de copiii din toată lumea care erau mai puțin norocoși decât tine?

Dacă ai răspuns cu *da* la oricare dintre cele de mai sus, te rog să știi că nu erai singur!

De ce am încetat să ne mai ascultăm corpurile

Restricțiile și regulile legate de alimentație sunt ceva obișnuit în majoritatea familiilor. De obicei, intenția este bună dar rareori cineva se oprește să reflecteze cu privire la mesajul transmis copiilor, mesaj care este, în linii mari, acesta: *Ascultă de felul în care alți oameni cred că ar trebui să-ți hrănești corpul, în loc să ai încredere că el știe în mod intuitiv ce hrană îi trebuie.*

Un fenomen interesant: fără obligații și așteptări în ceea ce îi privește, copiii se comportă foarte diferit când vine vorba despre mâncare. Vei constata că ciugulesc: mănâncă puțin și apoi merg la joacă, apoi revin, mai mănâncă puțin și pleacă din nou la joacă... și așa mai departe.

Singurul lucru care îi limitează pe copii în acest demers firesc este punctul de vedere rigid al adulților care consideră că trebuie să aibă program de masă și să mănânce într-un anumit fel.

Și dacă a mânca mai mult decât ai nevoie sau a mânca ceva de care corpul tău nu este interesat să consume sunt doar două dintre modurile în care ai fost dezobișnuit să asculți ce încearcă să-ți transmită corpul tău?

Și dacă ar mai fi încă o duzină? Sau poate încă o mie?

Pentru cine alegi?

Gândește-te puțin: dimineața, când te îmbraci, te afli în fața dulapului cu haine și-ți alegi îmbrăcămintea: *pentru cine alegi?*

Alegi pentru tine? Sau gândindu-te la alții?

Când alegi îmbrăcămintea, iei în calcul ce vor crede alții despre cum ești îmbrăcat – poate colegii de serviciu, sau partenerul tău, sau mama ta... și apoi te blochezi în ce crezi tu că *ar trebui* să porți și ignori ce ți-ar *plăcea* să porți?

Mai exact – ignori ce i-ar plăcea *corpului tău* să poarte?

Pentru că da, corpul tău are cu siguranță un punct de vedere despre hainele cu care îl îmbraci!

Dar nu ne-am gândit niciodată să-l întrebăm.

Cum așa? Ei bine, în același fel în care am crescut primind mesaje despre ce hrană ar trebui să consumăm, la fel am fost inundați cu opinii și puncte de vedere despre ce haine erau acceptabile și potrivite pentru noi.

Gândește-te: în adolescență, ai primit vreodată vreo privire dezaprobatoare de la părinții tăi când venea vorba de hainele pe care le alegeai? Dar acum?

Dacă ești la fel ca mulți oameni pe care îi cunosc și cu care lucrez, este foarte posibil ca încă să primești priviri piezișe sau critici voalate despre vestimentația ta atunci când mergi la reuniunile cu familia:

Ah, ce aspect interesant ai, dragă.

Ești sigură că rochia asta este măsura ta?

Cum ai descrie tu această culoare?

În fiecare clipă ne sunt aruncate în față – direct sau indirect – opinii pe care nu le cerem. Gândește-te la mijloacele media: acele reviste și articole de pe internet sunt pline până la refuz de sfaturi cu privire la ce să purtăm și ce să nu purtăm. Ce e la modă în sezonul acesta, ce nu e la modă. După o ceremonie de decernare de premii, găsești o analiză amănunțită a ținutelor de pe covorul roșu – unele sunt apreciate, altele sunt luate în derâdere. De ce vorbesc despre toate acestea?

Ei bine – gândește-te la toate acele judecăți și puncte de vedere – doar cu privire la hainele pe care le purtăm!

Absorbim totul ca niște bureți și nu ne întrebăm măcar o dată ce își doresc corpurile noastre.

Conștientizarea corpului tău nu se oprește la subiecte precum mâncarea și hainele: el are conștientizări cu privire la activitățile la care îi place să participe, în prezența cui îi place să fie și cu cine îi place să devină intim.

Ori de câte ori menținem volumul tare când ascultăm judecățile, punctele de vedere și concluziile altora și reducem volumul la ce ne spun corpurile noastre, menținem separarea față de conștientizarea lui incredibilă și blândă... *cu privire la orice.*

Ce trebuie să facă corpul tău pentru a-ți atrage atenția?

PARTEA A DOUA

Ce se întâmplă când NU ne ascultăm corpurile?

Când te separi de corpul tău și-ți pierzi obiceiul de a-i asculta limbajul energetic, el pur și simplu trebuie să găsească un alt fel de a-ți spune ce are să-ți spună. Din acest motiv, corpul creează rigiditate, durere și boală. Este un mod de a-ți atrage atenția, de a-ți comunica orice conștientizare pe care nu o asculți.

Pe măsură ce parcurgem cartea, vom explora acest aspect în detaliu dar acum acordă-ți o secundă să te gândești la acest lucru.

Este aproape trist. Corpurile noastre sunt extrem de darnice. Gândește-te la ce fac ele pentru noi în fiecare zi: ne poartă din punctul A în punctul B în punctul Z, ne digeră hrana, combat microbii, fac să circule sângele și oxigenul... dirijează aproape întregul spectacol fizic! În timp ce noi nu ne dăm seama că s-a ajuns la stadiul în care doar prin durere și rigiditate mai pot ele să comunice cu noi.

Vestea incredibilă și revoluționară este că poți stabili o relație cu corpul tău chiar azi, începând de acum dacă alegi. Această relație poate fi hrănită și construită cu ușurință iar întregul proces va contribui vieții tale, existenței tale ȘI afacerii și cabinetului tău.

Ești pregătit să deblochezi anumite uși chiar acum?

Ești de acord să folosim fraza de curățare? Este cu adevărat cea mai rapidă cale pe care am găsit-o eu pentru a schimba orice și totul. Aceasta se concentrează pe a distruge și a decrea toate acele puncte de vedere corecte și greșite despre ce are nevoie corpul tău și care sunt dorințele lui.

Iat-o. Citește-o și observă energia pe care o evocă.

> *Tot ce ai făcut pentru a impune un punct de vedere corect sau greșit despre mâncare, despre suplimente, despre haine, despre toate celelalte lucruri pe care corpul tău și le dorește sau nu, fie că este vorba despre orele de somn de care ai decis că are nevoie corpul tău, fie că este despre un anumit aliment pe care trebuie să-l ingereze, vrei să distrugi și să decreezi acum, te rog?* ***Right and wrong, good and bad, POD and POC, all 9, shorts, boys, POVADs and beyonds.***

Cum a fost? Poate că îți dorești să repeți asta de mai multe ori și să observi ce se întâmplă cu energia care vine la suprafață. Observă cum ea se expansionează, ca și cum în jurul ei se creează mai mult spațiu. Acesta ești tu, care îți cureți punctele de vedere limitative. Continuă!

Am putea vorbi ore întregi și am avansa ori, am putea folosi fraza de curățare și am muta munții din loc.

PARTEA A DOUA

Inconștiența și anticonștiința: fundamentul tuturor bolilor

Toate bolile, fie că e vorba despre cele fizice sau psihologice, fie că se prezintă sub formă de durere, boală, oboseală sau indispoziție, sunt rezultatul uneia sau ambelor stări: inconștiență și anticonștiință – iar judecata este componenta de bază în cazul ambelor stări. Vom vorbi mai mult despre efectele judecății pe tot parcursul acestei cărți, mai ales în capitolul 5. Adesea, mă refer la judecată ca fiind un element devastator care distruge posibilitatea și schimbarea.

Dacă revenim la noțiunea conform căreia în conștiință totul există și nimic nu este judecat, și nimic nu e considerat corect și nimic nu e considerat greșit, atunci ne apropiem puțin mai mult de înțelegerea noțiunilor de inconștiență și anticonștiință. Să continuăm să explorăm în detaliu ce sunt ele și ce legătură au ele cu boala.

Inconștiența este sinonimă cu lipsa stării de conștiință. Este atunci când trăim fără să ne dăm seama de potențialul nostru pentru măreție și fără să ne recunoaștem capacitatea de a vedea dincolo de minciunile realității care ne-a fost *servită*. Nu suntem pregătiți, sau dispuși, să vedem spectrul complet al posibilităților pe care le avem la dispoziție. Trăim meschin, guvernați și orbiți de judecată.

Anticonștiința este asemănătoare prin faptul că ceea ce o hrănește este judecata iar persoana care dă dovadă de anticonștiință este complet închisă la cât de incredibilă i-ar putea fi viața dar, spre deosebire de inconștiență, intervine și elementul alegere.

Este asemănător cu autosabotajul: cineva care este anticonștient din orice motiv, a luat decizia de a-și reduce gradul de conștiință sau de a se îndepărta de conștiință chiar dacă știe că, făcând acest lucru, se limitează pe sine.

Este important de remarcat că anticonștiința poate fi direcționată și către alte persoane. În acest caz, ea se manifestă adesea sub forma judecăților și, când îți dai seama de acest lucru, devii înțelept cu privire la judecățile altora atunci când ele îți invadează lumea și ființa. Din fericire, putem fi înarmați și pregătiți!

Sau, mai exact: putem fi *conștienți* de anticonștiință – și în asta rezidă puterea noastră.

Atunci când suntem conștienți devenim impenetrabili în fața judecăților altor persoane și, în general, în fața anticonștiinței. Iar aceasta este partea grozavă: corpurile noastre devin cu mult mai ușoare și cu mult mai sănătoase. Și mult mai fericite.

Durere, traumă, boală – toate sunt rezultatul inconștienței și anticonștiinței. Când începi să pricepi acest lucru, poți începe să folosești această conștientizare pentru a crea mai mult spațiu în corpul tău și în corpurile altor oameni.

Ești pregătit pentru partea științifică?

Elipsele

Celulele tale, atunci când sunt sănătoase, au o structură sferică. Ca sfere, ele sunt deschise și absorbante. Ca sfere, ele fac ceea ce trebuie să facă pentru a ne menține în stare de funcționare optimă și departe de boli – și fac acest lucru bine.

În ultimii ani, oamenii de știință au descoperit că structura sferică a unei celule este pusă în pericol, *și schimbată*, de gânduri, sentimente și emoții. Judecățile noastre și punctele noastre de vedere pot, de fapt, să altereze matricea energetică a celulei de la sferică la eliptică și iată care este cheia: o structură celulară eliptică – spun oamenii de știință – este locul de unde începe boala. Asta include trauma, durerea și orice altă manifestare fizică, precum și psihologică.

Sesizezi amploarea acestui lucru? Judecățile pe care le nutrim, fie că sunt ale noastre sau ne-au fost date (vom detalia mai încolo în carte) se blochează de fapt în celulele noastre, în corpurile noastre și se manifestă sub formă de boală.

Judecata face rău corpurilor noastre.

Vestea bună este că avem cheile pentru a ne debloca corpurile și mai mult decât atât.

Remediul nostru este întotdeauna, întotdeauna, întotdeauna conștiința. Cu ajutorul conștiinței te aduci pe tine – și oamenii pe care lucrezi – la conștientizarea cu privire la un aspect anume și, eliminând elementul judecății, îi eliberezi – literalmente – de la orice ar fi care îi ține pe loc. Durere de umăr, durere de spate, oboseală, letargie, depresie... lista este nesfârșită.

În conștiință apar schimbări dinamice.

Când alegi conștiința pentru tine, nu numai că-ți schimbi viața, dar ajungi să oferi conștiința ca opțiune și oamenilor cu care și pe care lucrezi.

Iar atunci când îmbini conștiința cu fraza de curățare, capacitatea ta de a-i împuternici pe oameni să dizolve orice inconștiență și anticonștiință pe care le-au blocat în celulele lor, în corpurile lor și în viețile lor, este nelimitată.

Ce se întâmplă când ne ascultăm corpurile CU ADEVĂRAT?

Când începi să asculți și să vorbești cu corpurile – al tău și al altora – încetezi a mai prevesti, presupune și judeca ce își doresc ele. Începi să asculți cu deschidere și fără niciun punct de vedere fix sau judecată.

Conștientizarea ta se accelerează. Când te afli în prezența altora, în tine există o stare de luciditate care îți vine cu ușurință. Ai *insight*-uri pe fracțiune de secundă, pe care poate nu le-ai fi avut dacă te-ai fi gândit sau ai fi vorbit despre ele.

Pe măsură ce relația cu corpul tău evoluează, vei debloca foarte multe aspecte care ți-au provocat durere și care te-au făcut să stagnezi.

Dacă ești practician al unor tehnici de vindecare, clienții vor adora să vină la tine deoarece vei contribui în moduri fenomenale atât vieții, cât și existenței lor. Iar atunci când ești atât de eficient, nu are cum să nu meargă vorba despre tine – clienții tăi vor spune oricui e dispus să asculte cât ești de genial (și cum pot face o programare la tine).

Pe scurt, tu devii un reper pentru oamenii din jurul tău – nu numai pentru clienții tăi ci, și pentru familia ta, prietenii tăi și oricine din jurul tău cu care interacționezi. Noi, în Access, ne-am dat seama cu mult timp în urmă de cât de contagioasă este conștiința. Haideți să folosim acest lucru în avantajul nostru și să creăm o epidemie de conștientizare!

Ești pregătit să readuci la viață conexiunea ta firească pe care o ai cu fiecare moleculă din jurul tău? Să asculți cu din ce în ce mai multă ușurință și să descui uși care au fost închise și zidite ani la rând?

Ghici ce: ești deja pe această cale. Prin simpla lectură a acestei cărți, și pentru că ești deschis către ideile cuprinse în ea, ești deja pe acest drum.

Ești pregătit să mergi mai departe?

Tu și corpul tău: crearea unei comuniuni

Pentru mine, cuvântul *comuniune* exprimă o senzație de legătură – motiv pentru care l-am ales aici. Rafinăm și dezvoltăm acea comuniune firească și frumoasă între tine, ființa, și corpul tău, latura ta fizică.

Dezvoltarea unei comuniuni cu corpul tău începe prin a-i pune întrebări dintr-un spațiu deschis și prezent. Iar apoi... a-l asculta.

Ți se pare ușor? Dificil?

Stai puțin! Într-o oarecare măsură – ar fi posibil ca deja să știi asta?

Sunt acestea informații cunoscute sau sunt informații noi care, dintr-un motiv sau altul, ți se par familiare așa cum piesele dintr-un puzzle se așază la locul lor...?

Ar fi posibil ca tu să fi știut întotdeauna că trupul tău are conștiință iar astăzi este ziua în care poți deveni cu adevărat conștient de acest lucru?

Punctul nostru de plecare este de a pune întrebări corpurilor noastre în toate situațiile care le privesc: de la ce mănâncă, hainele cu care se îmbracă, la oamenii cu care au relații intime.

Te gândești: *Așadar, unde sunt eu în toate astea*?

Tu, cititorule alert și conștient, ești o ființă infinită. Este doar o întâmplare faptul că ai luat forma acestui corp, sau vehicul, pe care îl ocupi. Dacă îmi dai voie să fiu foarte onest în această privință: mult timp după ce corpul tău va expira, după ce va fi în pământ sau transformat în cenușă, TU, ființa, vei continua să exiști.

A recunoaște că ești ființă infinită este crucial pentru a dezvolta comuniunea pe care o poți avea cu corpul tău dar nu este întotdeauna ușor să faci acest lucru... Să continuăm explorarea.

PARTEA A DOUA

Trei etape pentru a dezvolta comuniune cu corpul tău

Prima etapă: înțelege că ești infinit

Aș dori să îți propun un exercițiu extraordinar pentru a pricepe conceptul că tu ești ființă infinită. Îți recomand să-l citești în întregime de câteva ori după care să-ți aloci ceva timp să-l încerci.

Începe prin a te expansiona 150 de km de jur împrejur, în toate direcțiile. Dacă dorești, poți închide ochii și apoi expansionează-te. Nu corpul tău fizic se expansionează, ci energia ta, ființa ta.

Expansionează-ți ființa de jur împrejur, în toate direcțiile, 150 de km.

Observă că poți face acest lucru ușor, rapid.

Când te afli acolo, mergi mai departe cu încă 150 km în toate direcțiile.

Observă că poți. Observă că poți fi acolo unde alegi să fii.

Apoi, du-te 1.500 km mai departe, în toate direcțiile. Observă că ești și acolo.

Acum du-te 150.000 km în toate direcțiile.

Observi cât de infinit ești?

Cum a fost asta?

Adesea, acest exercițiu conduce la o respirație profundă, amplă și frumoasă pe măsură ce tu ocupi spațiul pe care ți-ar plăcea să-l ocupi ca ființă!

Pentru unii dintre voi, acest exercițiu ar putea fi prima oară când v-ați dat seama că aveți acea capacitate; pentru alții e posibil să fi fost a mia oară.

Dacă ești cât de cât ca mine, vei constata că de fiecare dată este extraordinar.

Trebuie să te întrebi: dacă o ființă poate fi atât de expansionată, dacă poate călători atât de departe într-o clipă, ar putea ea să intre vreodată într-un corp fizic de mărimea corpului tău?

Nu cred.

Ideea că viața noastră începe și se termină în corpurile noastre fizice este una dintre cele mai limitative convingeri care ni se *servesc* iar partea cea mai proastă în a crede că suntem doar atât de mari sau de mici cât corpurile noastre constă în faptul că nu suportăm a avea un corp – pentru că noi știm, undeva în străfundul nostru, că suntem uriași – și, cu toate acestea, continuăm să ne prefacem că nu suntem.

Acum că ți-ai testat cu atâta ușurință capacitatea ca ființă infinită, ești pregătit să renunți cu adevărat la cea mai mare convingere limitativă cum că ești limitat de corpul tău?

PARTEA A DOUA

> *Toate punctele de vedere pe care le-ai cumpărat despre limitarea la corpul tău, în loc să poți avea spațiul extraordinar de vast care ești tu, ca ființă infinită și să continui să ai corpul tău, vrei să distrugi și să decreezi, te rog?* **Right and wrong, good and bad, POD and POC, all 9, shorts, boys, POVADs and beyonds.**
>
> *Tot ce ai făcut pentru a te preface că ești doar atât de mare, care este o invalidare a ființei tale, care te face să-ți detești corpul și să fii furios pe corpul tău ca și cum ar fi vina corpului tău că tu ai ales să te prefaci că ești doar atât de mare, vrei să distrugi și să decreezi, te rog?* **Right and wrong, good and bad, POD and POC, all 9, shorts, boys, POVADs and beyonds.**

Repetă aceste curățări și respiră profund.

Tu ești infinit și atât de mare cât dorești să fii. Ai acces instantaneu la o uluitoare senzație de spațiu – acea deschidere care îți permite să respiri cu ușurință și nestingherit. Poți cere să *fii* acest spațiu în orice clipă a oricărei zile.

Ce înseamnă asta pentru corpul tău?

Atunci când te joci cu ideea că – în această viață – corpul tău este vehiculul tău, ai o conexiune cu el dar spațiul ființei tale nu mai este limitat de el.

Poți să te dezbari de orice resentiment latent pe care l-ai avut față de corpul tău atunci când te-ai simțit captiv în el și, din spațiul ființei tale, poți contribui corpului tău în moduri fenomenale.

Cum? Ei bine, cum ar fi dacă ai putea să cuprinzi toată planeta chiar acum? Ai făcut asta cu câteva pagini în urmă. O poți face ori de câte ori dorești. La început, poate părea un concept bizar dar dacă ai putea cuprinde întreaga planetă și te-ai putea racorda la fiecare munte, fiecare copac, fiecare fluviu, fiecare râu, fiecare ocean, fiecare pasăre... cum ar fi asta?

Cât de multă pace ar aduce asta corpului tău?

Câtă vitalitate, putere și vindecare ar aduce asta corpului tău?

Și cum ar fi dacă ar fi să accesezi toate acestea în timp ce lucrezi pe corpurile oamenilor? Ce ar fi posibil atunci?

Etapa a 2-a: Începe să întrebi, începe să asculți

De îndată ce accepți că ești ființă infinită într-un temporar corp fizic – corp care este conștient și cu conștientizări și care și-ar dori să fie în armonie cu tine – te apropii de ideea conform căreia:

Corpul tău mănâncă, tu ca ființă nu mănânci.

Corpul tău poartă haine, tu ca ființă nu porți haine.

Corpul tău face sex, nu tu ca ființă. (De fapt, poate ești și tu acolo!)

Dacă pare mult de asimilat, nu te îngrijora! Nu te judeca dacă nu este ușor sau potrivit pentru tine deocamdată. Dacă poți începe să iei în calcul ideea că și corpul tău are propriile puncte de vedere despre care, până acum, nu l-ai întrebat, este deja formidabil.

Dacă ți-ai dori mai multă claritate cu acest lucru, repetă asta:

> *Tot ce te împiedică să-ți întrebi corpul în legătură cu tot ce îl privește, vrei să distrugi și să decreezi, te rog?* ***Right and wrong, good and bad, POD and POC, all 9, shorts, boys, POVADs and beyonds.***

Când vine vorba a-ți întreba corpul de ce are nevoie, îți recomand să începi cu ceva foarte simplu cum ar fi mâncarea.

Ține minte: corpul tău mănâncă, nu tu – așa că are sens să întrebi!

Să spunem că ești la micul dejun. Ești acasă, intri în bucătărie și, în loc să alegi ceea ce alegi în mod obișnuit la micul dejun, te oprești o clipă pentru a întreba: *Corpule, ce ți-ar plăcea să mănânci?*

Apoi: fii deschis, fii prezent și ascultă.

Mai întreabă o dată: *Corpule, ce ți-ar plăcea să mănânci?*

Ce percepi? Ce captezi? Corpul tău poate și-ar dori ouă, sau șuncă, sau brânză, sau fructe... sau toate astea, sau nimic din toate astea.

Corpului tău e posibil să nu-i fie încă foame. Nu trebuie să mănânci pe pilot automat doar pentru că în mod convențional sau unanim acceptat este ora de mâncat. Și nici nu trebuie să te limitezi la mâncarea obișnuită pentru un mic dejun. Și dacă corpul tău și-ar dori pastele rămase de la cină? Sau înghețată? Sau paste și apoi înghețată?

Ar fi în regulă să îi dai corpului tău așa ceva la ora 8 dimineața?

Există un singur mod de a descoperi, și nimic nu este corect și nimic nu este greșit în toate astea, sunt doar alegeri interesante. Iar paste reci și înghețată este clar o alegere interesantă pentru micul dejun!

Nu aștepta de la tine să o nimerești sau să faci asta perfect din prima. Imaginează-ți că treci de la a nu fi alergat nicio zi din viața ta la a participa la un maraton – te-ai ridica și ai începe să alergi 45 de km sau ai începe să te antrenezi mai întâi? La fel și aici. Doar că este mult mai ușor!

Doar prin practică vei începe să descoperi perseverența pe care o are corpul tău.

Apoi, încearcă cu hainele. Când îți începi ziua, așază-te în fața dulapului și spune: *Corpule, ce ți-ar plăcea să porți astăzi?*

Încă o dată, fii prezent, fii deschis și ascultă.

Ai putea descoperi cum corpul tău își dorește să poarte ultimul lucru pe care ai fi ales tu să-l porți dacă nu ai fi întrebat! Poate că scoți din cel mai îndepărtat colț al dulapului tău niște haine pe care nu le-ai mai purtat de ani de zile dar care, când le îmbraci și te privești în oglindă, te fac să radiezi. Corpul tău radiază! De ce? Pentru că asta vrea el să poarte!

Atunci când te îmbraci cu ceea ce își dorește corpul să poarte, menții acea strălucire toată ziua. Toată ziua te simți viu.

Oamenii îți vor face mai multe complimente decât ai primit vreodată până atunci.

Care este diferența între ce ai putea alege tu, ființa, și ce ar alege corpul tău să poarte?

Este simplu: ce crezi și alegi tu se bazează pe judecățile tale, pe proiecțiile tale, pe așteptările tale și pe punctele tale de vedere cu privire la ce este corect și ce este greșit. Corpul tău, însă, nu are nimic din toate acestea.

Corpul tău ar putea avea puncte de vedere și idei complet diferite – și nu vei ști niciodată dacă nu întrebi.

Acum, dacă nu-ți iese asta perfect de prima oară, sau a doua oară, sau a zecea oară sau a suta oară, te rog să nu te învinovățești. Îți dezvolți o relație cu totul nouă, o conexiune cu totul nouă cu corpul tău, pe care nu ai avut-o înainte. Adică, ai avut-o dar, ca noi toți, nu ai fost învățat să ai grijă de ea așa că nu ți-a fost la îndemână o perioadă de timp.

Pe lângă a-ți întreba corpul ce i-ar plăcea să mănânce și să poarte, l-ai mai putea întreba:

Cu cine ți-ar plăcea să faci sex?

Ce ți-ar plăcea să faci astăzi?

Ce fel de mișcare ai dori să faci?

Este momentul să începi să te bucuri insuflând o nouă viață în această conexiune?

Etapa a 3-a: Ai răbdare

Ai avut vreodată un prieten foarte bun, cu care ai simțit că ai o conexiune profundă și fericită? Una din acele prietenii în care poți fi tu însuți pe deplin, fără mască, fără să joci un rol care nu ți se potrivește – ci ești pur și simplu tu însuți.

Dacă ai pierdut legătura cu acel prieten, imaginează-ți că vă reconectați. Imaginează-ți că îi telefonezi iar toți anii care au trecut și distanța dintre voi se topesc și te simți conectat din nou cu cineva care a fost o contribuție foarte importantă pentru tine. Se poate întâmpla instantaneu sau poate să dureze puțin – la fel e și cu corpul tău.

Timpul și efortul depus pentru a începe să reconstruiești conexiunea sunt extrem de nesemnificative în comparație cu rezultatele și recompensele fenomenale pe care le vei primi. Iar atunci când aplici aceste instrumente în practica ta, te poți aștepta să creezi o schimbare de neimaginat.

Dacă transmiți clienților tăi cele trei etape pe care le-am explorat, vor începe să creeze o conexiune cu corpurile lor și o stare de unitate în care nu există loc pentru judecată. Îi poți ghida pe măsură ce își aduc corpurile înapoi în centrul vieții lor și a felului în care își trăiesc viața, permițându-ți să le facilitezi o vindecare și o schimbare incredibile.

PARTEA A DOUA

Frumosul meu prieten, aventura a început cu adevărat

Ești pregătit să te angajezi a construi o comuniune cu corpul tău?

Următoarele trei zile, ai fi dispus să-ți întrebi corpul care este punctul lui de vedere despre tot ce îl privește? Poți recunoaște faptul că el știe de ce are nevoie și ce își dorește?

Partea formidabilă aici este că relația ta cu corpul tău este o parte firească din tine pe care tu doar o readuci la viață. Este la fel de naturală precum respirația.

Foarte curând vei asculta și vei vorbi cu corpul tău fără să te gândești la asta și te vei întreba cum de ați putut pierde legătura.

CAPITOLUL 4

Corpul, un receptor paranormal

Corpul tău este deosebit de intuitiv. Captează energiile celorlalți: emoțiile lor, judecățile lor, doleanțele lor, gândurile, ideile și durerea lor.

Corpul tău face acest lucru – ești pregătit să afli?

Undeva între 50 și 100% din ceea ce se petrece în corpul tău fizic (dureri, suferințe, boli) e posibil să nu fie ale tale

Și

98% din ce are loc în mintea ta (gândurile, sentimentele, emoțiile și judecățile tale) nu îți aparțin.

Când am auzit prima oară aceste două procente, a durat ceva timp să le integrez. Apoi, când conștientizarea s-a stabilizat oarecum, am experimentat o schimbare totală de paradigmă, la un loc cu o minunată senzație de ușurință.

Chiar așa? M-am gândit eu – *aproape toată durerea pe care am experimentat-o nici măcar nu este a mea*?! Am simțit o uriașă senzație de eliberare.

Este asta adevărat și pentru tine? Ar putea fi posibil ca mare parte din ce este în corpul și mintea ta nici măcar să nu fie ale tale? Dacă așa este – ca și în cazul meu și probabil ca în cazul fiecărei persoane care citește această carte – atunci frumosul tău corp este precum un burete!

Știind acest lucru, și putând lucra cu el, te plasează în eșalonul principal al artei de vindecare pe care o practici *și* face ca a-ți trăi viața să fie

cu

mult

mai ușor.

Corpurile noastre ne trimit informații tot timpul. Corpurile noastre sunt mecanisme senzoriale. Știi cum mustățile pisicii îi transmit informații despre lumea înconjurătoare? La fel fac și corpurile noastre pentru noi.

E posibil să mergi pe stradă și să treci pe lângă cineva care are o problemă cu genunchiul și, dintr-odată, începe să te doară și pe tine genunchiul. Pentru tine asta a survenit pe neașteptate, dar acesta este corpul tău care îți spune: *Hei, persoana aceea are o problemă la genunchi.* Corpul tău a resimțit durerea persoanei respective și te-a informat în legătura cu ea. În mod firesc, înainte de a primi această conștientizare, tu ai crezut că este durerea ta.

O simt, drept urmare este a mea

Am fost făcuți să credem că toate aspectele de care suntem conștienți și tot ce percepem, atât în corpurile noastre cât și în mințile noastre, sunt ale noastre. Avem senzația că: *Dacă o simt, trebuie că e a mea.*

Și dacă nu este așa?

Și dacă ceea ce spun eu este adevărat și, între 50-100% din ceea ce are loc în corpul nostru vine din altă parte sau de la altcineva?

Și dacă 98% din gândurile, sentimentele, emoțiile și judecățile tale nu îți aparțin?

Percepe lucrul acesta doar pentru o clipă: dacă ai putea îndepărta 98% din gândurile care ți se perindă prin minte în fiecare zi, ai avea de-a face doar cu 2% care sunt cu adevărat ale tale.

Ce dar extraordinar ar fi asta, ce claritate ai avea! Și cum ar afecta și ar schimba acest lucru viața ta de zi cu zi și existența ta?

Când am descoperit Access acum 20 de ani, aceste două conștientizări de aur au marcat începutul unui nou mod de a fi cu corpul meu și cu oamenii pe care lucram – și aceste două conștientizări au creat o schimbare de neconceput.

Cum poți știi?

A recunoaște că există o posibilitate ca ceea ce percepi în corpul și în mintea ta să nu fie al tău este una, dar cum poți *știi* cu siguranță? Cum poți ști dacă ceea ce simți, cum ar fi durerea de genunchi, sau tristețea, sau furia, sau greața sunt ale tale sau nu?

Și dacă sunt ale tale, ce implică asta?

Și dacă nu sunt ale tale, ce implică asta?

Prietene, este atât de ușor.

În primul rând, poți descoperi dacă ceea ce te frământă este al tău sau nu... întrebând. Cine ar fi știut că ar putea fi atât de simplu?

Întrebarea care te conduce la acea conștientizare este una pe care vrei să o ai în instrumentarul tău începând de acum, posibil pentru totdeauna.

Iat-o: cui aparține asta?

Poți întreba: *Cui aparține asta?* în legătură cu tot ce percepi în corpul sau în mintea ta: orice durere, orice gând, sentiment, judecată, senzație... literalmente orice și totul.

Cu puțin exercițiu, vei începe să triezi, să descifrezi și să *știi* ce este al tău cu adevărat și ce nu. Iar atunci când afli, fie o poți elibera, fie poți accesa conștientizarea de care ai nevoie pentru a o elibera.

Dă-mi voie să-ți dau un exemplu. Să folosim scenariul pe care l-am prezentat cu câteva pagini în urmă – durerea de genunchi captată de la cineva de pe stradă. Când percepi durerea prima dată, nu știi încă dacă este a ta sau nu, așa că întrebi: *Corpule, cui aparține această durere de genunchi?*

Dacă percepi o senzație de ușurare, o reducere a intensității durerii, o senzație de spațiu – nu e a ta. Când este ușurință, știi că durerea a fost captată de corpul tău iar singurul lucru care se cere de la tine este să o trimiți înapoi expeditorului.

Poți face asta spunând: *Uau! Mulțumesc mult, dragă corpule, pentru conștientizare. Cât ești de minunat! Putem să eliberăm asta acum?*

Apoi, continuă cu fraza de curățare: **Right and wrong, good and bad, POD and POC, all 9, shorts, boys, POVADs and beyonds.**

Nu este responsabilitatea ta să identifici cui aparține durerea de genunchi sau să o schimbi în vreun fel. Singura ta sarcină este să-i faci POD și POC și să o lași să plece. Ca reamintire: atunci când spun *să-i faci POD și POC,* vreau să spun să folosești fraza de curățare. Poți alege să o spui integral (ca în exemplul de mai sus) sau poți folosi varianta prescurtată de POD și POC. Funcționează indiferent pe care o folosești.

Altă posibilitate este: te doare genunchiul și ai o senzație de apăsare când pui întrebarea *Cui aparține această durere de genunchi?* Dacă se întâmplă așa, atunci știi că fie ai creat acea durere, fie ai crezut că îți aparține și ai luat-o asupra ta (poate ca o modalitate de a o vindeca) cândva, în trecut. Oricum ar fi, acum ai instrumentele pentru a o debloca.

Dacă tu ai creat-o, a provenit de la o judecată sau de la un punct de vedere fix. În capitolul următor (și mai târziu, în capitolul 10) vom explora în detaliu întregul subiect legat de judecată și îți voi oferi câteva instrumente practice și conștientizări pentru a gestiona durerea pe care am creat-o noi înşine sau la eliberarea căreia întâmpinăm dificultăţi. Pentru moment este suficient să ştim că orice durere sau disconfort pe care îl trăieşti este felul în care corpul tău îţi oferă o conştientizare – iar dacă tu ai creat asta (în loc să-l fi preluat de la altcineva) atunci sursa este în judecată sau în orice alt punct de vedere fix pe care l-ai făcut real pentru tine, şi care nu este aşa.

Aşadar, ştiind că este al tău, acum te afli într-o poziţie extraordinară pentru a accesa orice conştientizare pe care corpul tău încearcă să ţi-o transmită, şi repet: calea către acest lucru este printr-o întrebare.

Poţi întreba: *Ce nu recunosc, pe care îl blochez în corpul meu sub formă de durere?*

Pune întrebarea şi vezi ce vine la suprafaţă pentru tine dar nu trebuie să primeşti un anumit răspuns pentru a curăţa asta. Poţi doar să percepi energia şi să spui: *Tot ce nu permite acest lucru şi nu-mi permite mie să-l recunosc, distrug şi decreez acum. De un dumnezelion de ori.* **Right and wrong, good and bad, POD and POC, all 9, shorts, boys, POVADs and beyonds.**

Pricepi ce instrument valoros este *Cui aparţine asta?*? Este câştig pe toate planurile.

Nu e al tău? Ştii ce să faci cu asta.

Al tău? Ştii ce să faci cu asta.

PARTEA A DOUA

Ești gata să încerci?

Ai fi dispus să întrebi *Cui aparține asta?* la fiecare durere fizică pe care o percepi și pentru orice gânduri, sentimente și judecăți pe care le ai de acum până la finalul acestei zile?

Ai fi dispus să faci asta în următoarele trei zile?

Când mi-a fost prezentat acest instrument prima dată, iată ce am făcut: l-am folosit continuu timp de trei zile și am avut o experiență atât de radicală încât îți recomand cu căldură să-l încerci și tu timp de trei zile. Serios, vei avea atât de multă ușurință în așa măsură încât vei fi ca o meditație ambulantă și vorbitoare.

Racordându-te la ce este al tău și ce nu este, te eliberezi de ceea ce nu ai nevoie și te simți ca și când ai cu 50 de kg mai puțin.

Ține minte: scopul tău nu este să obții un răspuns exact la întrebarea *Cui aparține asta?* S-ar putea să-ți vină sub forma unui răspuns imediat sau nu. Ar putea deveni evident înainte chiar să fi terminat de pus întrebarea: „Cui apar... – oh, ia stai puțin... desigur! Asta este problema surorii mele, nu a mea."

Sau s-ar putea să-ți rămână necunoscută, și e în regulă. Singura ta sarcină este să pui întrebarea și să percepi ușurința sau starea de apăsare care apare după.

Încă o dată – dacă este o stare de ușurință, trimite înapoi la expeditor și fă-i POD și POC; dacă este o stare apăsătoare, întreabă ce anume nu recunoști.

Dacă faci asta timp de trei zile cu fiecare gând, sentiment, emoție, judecată și punct de vedere pe care îl ai, vei elimina din mintea ta toate ideile, punctele de vedere și judecățile celorlalți și... simți starea de libertate extraordinară doar contemplând acest lucru ca posibilitate? De acolo vei ajunge să funcționezi dintr-o stare de pace și luciditate senină.

Eu consider că întrebarea *Cui aparține asta?* este una dintre întrebările care mi-au salvat viața. Am folosit-o pentru a ieși din depresie și nu și-a pierdut niciodată potența și relevanța. Rămâne în continuare un aspect important al modului în care îmi desfășor activitatea și în care funcționez astăzi. De fapt, folosesc acest instrument în aproape toate sesiunile pe care le susțin și o mai folosesc și pentru mine însumi.

Mi-ar plăcea ca și tu să o explorezi. Alocă-ți timp să adresezi întrebarea *Cui aparține asta?* corpului tău și așa te vei pregăti ca să o folosești cu clienții tăi și să obții rezultate uimitoare.

Vom examina mai amănunțit acest lucru în capitolul 10 dar pentru moment amuză-te folosind-o și apreciind frumosul dar oferit de corpul tău fizic senzorial.

CAPITOLUL 5

Renunțarea la judecată

Aș vrea să-ți pun o întrebare: Câte din instrumentele și exercițiile pe care ți le-am prezentat până acum în această carte ai folosit?

Pe toate?

Câteva?

Sau poate... niciunul? Și, dacă așa stă treaba, te simți prost, ca și cum nu ai fi suficient de dedicat? Sau te simți vinovat pentru că ai impresia că nu faci ceea ce se așteaptă de la tine?

Te rog să știi următorul lucru: eu nu am așteptări de la tine. Nicio pretenție, niciun standard la care să te ridici sau scop pe care să-l îndeplinești. Dacă tu ai îmbrățișat din toată inima practicarea acestor instrumente, e bine așa. Dacă nu ai făcut-o, e bine *chiar* și așa.

Ceea ce mă interesează este următorul lucru, dragul meu cititor: ce părere ai despre angajamentul tău față de această carte? Și, dacă mergem mai departe, către alte aspecte din viața ta – ce standarde ți-ai stabilit pentru tine însuți? Și ce se întâmplă atunci când nu atingi aceste standarde?

De exemplu: crezi că faci suficient de mult exercițiu fizic?

Mănânci destule legume? Ai întotdeauna răbdare cu copiii tăi? Ești tu partenerul care crezi că trebuie să fii pentru jumătatea ta? Ești o fiică bună/un fiu bun/o soră bună/un frate bun/un prieten bun/un coleg bun/un vecin bun? Ești extrem de bine organizat și dedicat fiecărei sarcini pe care o primești?

Ești... perfect?

Părerea mea este că nu ești perfect – și e în ordine așa! Am întâlnit și am lucrat cu sute de mii de oameni și nu am întâlnit niciodată pe cineva perfect, până acum. Și sunt foarte sigur că nici nu voi întâlni vreodată. Apropo, îl includ aici și pe bărbatul pe care îl văd în oglindă. Stai! Dă-mi voie să reformulez asta: îmi place mult de el – *și nu este perfect.*

Mi-am dat seama, lucrând cu oameni din întreaga lume, că există o convingere normală printre unii dintre ei că ar trebui să fie perfecți, sau aproape perfecți și, atunci când nu sunt (observă, te rog, că nu am spus „dacă nu sunt") ei se judecă foarte aspru.

Există, de asemenea, oameni care au așteptări foarte mari de la ceilalți și, atunci când aceste așteptări nu sunt îndeplinite, judecata își face apariția în plină forță în așa măsură încât persoana respectivă se simte jignită și dezamăgită.

Problema este că, atunci când aștepți perfecțiunea, sau te aștepți la ceva concret, orice ar fi acel lucru, rămâne foarte puțin loc pentru ca altceva să intre în viața ta.

Gândește-te cum este atunci când începi o relație nouă sau când îți vezi prietenii în starea aceea de lună de miere, imediat după ce au întâlnit persoana perfectă. Tot ce face, spune și reprezintă noul partener este *perfect*.

Dar iată unde se complică lucrurile: dacă decizi că cineva este perfect, ce se întâmplă când face un lucru care nu corespunde acelei idei de perfecțiune? Erai atât de concentrat pe faptul că va face ceea ce ai considerat că trebuie să facă încât orice altceva pare a fi un eșec.

O judecată în sine solidifică un punct de vedere și nimic din ce nu se potrivește cu acel punct de vedere nu poate să vină în conștientizarea ta. Foarte limitativ, nu-i așa?

> *Câte judecăți pozitive ai avut despre oameni doar în ultimele trei luni, care te-au blocat, pentru că ei nu s-au ridicat la nivelul la care ai judecat tu că se află? Tot ce este acest lucru, vrei să distrugi și să decreezi, te rog?* **Right and wrong, good and bad, POD and POC, all 9, shorts, boys, POVADs and beyonds.**

Am mai spus acest lucru și-l voi mai spune: judecata anihilează. Ucide posibilitățile, ucide spațiul, ucide energia, ucide bucuria, ucide fericirea. Mai mult decât atât – este cauza numărul unu care provoacă durere, suferință și boală pe planetă. Ca vindecător, a înțelege mai multe despre judecată și caracterul ei distructiv și limitativ te pune într-o poziție în care cred că se află foarte puțini vindecători de pe planetă acum, poziție din care poți aduce schimbare în propria ta lume și în lumea persoanelor pe care lucrezi, cu reală ușurință.

Legat de judecată – treaba e că ea este un obicei adânc înrădăcinat și nu e vina nimănui că a fost preluat. Este aproape ca un reflex. Am fost condiționați să judecăm *totul* despre noi. Tot ce gândim, tot ce alegem, tot ce facem este etichetat ca bun sau rău, corect sau greșit.

Și dacă nu ar trebui să fie așa?

Și dacă, dincolo de această condiționare, nu este felul în care ești tu cu adevărat? Dacă a renunța pe deplin la toată judecata ar fi ca și cum te-ai reîntoarce acasă și ai reveni la starea ta naturală?

Aproape ca și când ți-ai recupera aripile?

Apropo, ai avut aceste aripi pe vremea când erai copil. Nu ai venit în această lume judecându-te pe tine și pe ceilalți; ai fost o mică sferă de energie și lumină conștientă.

Asemenea oricărui obicei, judecata este un obicei pe care poți alege să-l întrerupi.

Câteva pagini mai încolo, voi împărtăși un set de instrumente pe care le poți folosi pentru a elimina judecata dar, mai întâi, chiar vreau să aprofundez puțin acest concept al judecății întrucât ar putea fi mai complex decât pare acum.

O nouă perspectivă asupra judecății

Revenind la elementele de bază, putem spune că judecata este actul de etichetare a unei persoane, a unui lucru, eveniment, situație, gând – orice – ca fiind bun sau rău, corect sau greșit.

Atunci când alegi conștiința, polaritățile *bun* și *rău* nu mai există. Totul din viața ta își pierde acele etichetări concluzive și limitative și devine *interesant*.

PARTEA A DOUA

Fiecare alegere pe care ai făcut-o vreodată sau o vei face de acum încolo, fie că este o alegere care conduce la faliment sau o alegere care rezultă în câștigul unui milion de dolari, este doar... interesantă.

Cum ți se pare asta?

Suntem obișnuiți să auzim cât de nocivă poate fi negativitatea dar cum rămâne cu așa-zisele puncte de vedere pozitive? Ar putea fi doar ceva interesant câștigul unui milion de dolari?!

Ca și căutător, prin care înțeleg o persoană dispusă să privească dincolo de limitările și restricțiile acestei realități (știu că ești un căutător pentru că ești aici, citind această carte), poate că de-o vreme ai încercat să te educi să ieși din gândirea negativă și să recurgi la gândirea pozitivă. Poate că ai încercat afirmațiile și alte tehnici pentru a-ți cultiva o stare de spirit și o concepție pozitivă. Dacă așa este, atunci ideea de a renunța la a emite o judecată *bună* sau *pozitivă* poate fi o idee dificil de acceptat dar, te rog, ascultă ce am de spus.

Dacă urmează să renunțăm la judecată, trebuie să ne luăm un angajament să facem acest lucru pe de-a-ntregul, deplin.

De ce? Deoarece dacă menținem convingerea că anumite lucruri, sau persoane, sau situații sunt *bune,* atunci implicit spunem că anumite persoane și situații sunt *rele*. Este din nou chestia numită polaritate: în polaritățile acestei realități, *bun* nu poate exista decât dacă există *rău. Corect* nu poate exista decât dacă ceva este *greșit* sau cineva greșește.

Înainte să mergem mai departe cu asta, te rog să știi că a ne elibera de judecată nu înseamnă că dintr-odată devenim foarte mulțumiți de toate și nu înseamnă că le permitem oamenilor să ne facă lucruri mizerabile, pentru că suntem atât de iluminați încât suntem extaziați să ne întindem și să le dăm voie să ne calce în picioare.

Nu. În schimb, ne racordăm la ceva cu mult mai expansiv decât judecata: la conștientizare.

Înlocuirea judecății cu conștientizare

Iată cum stă treaba: poți fi *conștient* de o situație sau de o persoană negativă care intenționează să te limiteze și să nu judeci situația, și nici persoana.

Și, poți fi *conștient* de o situație sau de o persoană pozitivă, care îți fac viața mai grozavă, și încă o dată să nu judeci nici situația, și nici persoanele.

Diferența între o conștientizare și o judecată este că judecata are un punct de vedere atașat ei. Să spunem de exemplu că începi să faci exerciții fizice zilnic și te simți minunat. Judeci acest nou comportament ca fiind bun pentru tine și lucrul corect de făcut. Și apoi... sari peste o zi iar asta se transformă în două zile, trei, apoi o săptămână. Cum te simți? Bănuiala mea este că te simți ca un eșec.

Cum ai putea să *nu* te simți ca un ratat când tu ai decis că a face exerciții fizice te face să fii o persoană de succes?

Este foarte posibil să fii conștient că te simți bine atunci când faci exerciții fizice în mod regulat, fără să judeci acel comportament ca fiind bun, corect, exemplar și așa mai departe. Și, poți să observi pe cineva care se comportă în mod egoist, sau este răutăcios, sau nepoliticos, oricum ar fi – recunoaște acest lucru, observă cât de limitativ este comportamentul lor și chiar și așa nu-i judeca pentru asta. Trebuie să recunoști comportamentul fără încărcătură energetică și fără un punct de vedere atașat.

Încă o dată: renunțarea la judecată nu te face preș sau pasiv. De fapt, când nu mai vezi lumea și alte persoane – și pe tine însuți – în alb și negru, de fapt te armonizezi cu ceea ce va crea mai mult sau ce va crea mai puțin în viața ta. Te găsești în toată puterea și potența ta, într-un fel în care nu ți-ai imaginat vreodată că ai putea fi. Permiți mult mai multă evoluție, distracție, bucurie și *vindecare* în viața ta.

Iată câteva curățări ca să te ajute să eliberezi orice concepție greșită ai putea avea despre judecata pozitivă și negativă.

<u>Oriunde ai decis că orice gând pozitiv pe care îl ai musai nu este o judecată și orice gândești negativ trebuie să fie o judecată, vrei să distrugi și să decreezi, te rog?</u> **<u>Right and wrong, good and bad, POD and POC, all 9, shorts, boys, POVADs and beyonds.</u>**

<u>Câte lucruri care ai crezut că sunt negative erau conștientizări pe care le aveai cu privire la oameni cum că sunt egoiști, sau haini, sau că fură de la cineva? Câte dintre acestea ai avut sub formă de conștientizări care ai crezut că sunt judecăți, care de fapt nu erau judecăți, erau conștientizări dar tu ai decis – deoarece păreau negative, că musai sunt rele și greșite – așa</u>

că ți-ai retezat conștientizarea cu privire la zona din care funcționa persoana respectivă și apoi ai suportat consecințele comportamentului acestei persoane și modului în care ea funcționa? Tot ce este acest lucru, vrei să distrugi și să decreezi, te rog? **Right and wrong, good and bad, POD and POC, all 9, shorts, boys, POVADs and beyonds.**

Te face asta să te simți mai ușor? Am văzut extrem de mulți oameni care au avut un uriaș sentiment de ușurare când au observat ce este posibil atunci când renunță la judecată. Când nimic nu este bun sau rău ci doar *interesant,* întreaga lor ființă devine mai luminoasă și știu că sunt pe cale să-și recupereze aripile. Nu e de mirare, deoarece judecata este o povară uriașă – atât metaforic, cât și fizic.

Energia judecății

Aproape toate bolile, traumele și durerile din corpurile oamenilor au la bază o judecată – sau mai multe – pe care ei le au cu privire la o anumită situație. Poate să fie propria lor judecată, sau poate că este ceva ce au preluat ca fiind adevărat, de la altcineva.

Iată cum funcționează: așa cum am văzut mai înainte, corpul folosește limbajul energetic pentru a încerca să comunice cu noi și, mulți dintre noi, poate că și tu, auzim cu greu această energie. Energia se solidifică încercând să ne atragă atenția până când, la un moment dat, se transformă în ceva precum un umăr blocat *și apoi* – într-un final – îl simțim, *după care* avem curajul să spunem: „Stai! Cum s-a întâmplat asta?!"

Noi credem că umărul blocat a apărut din senin când, de fapt, ar putea fi rezultatul multor ani de acumulare a energiilor, toate avându-și originea în judecată.

Gândește-te puțin la energia judecății.

Gândește-te la toate acele etichete bun, rău, corect, greșit pe care le lipim pe toate lucrurile și pe toată lumea. Observi că au o anumită greutate și soliditate? Într-un fel precum betonul care este pe cale să se întărească și să se solidifice? Aceasta este energia pe care o are judecata.

Acum să luăm energia lui *interesant*. Imaginează-ți dacă ceva nu este bun sau rău, ci doar interesant. De fapt, să-i spunem *punct de vedere interesant*. Care este energia lui?

Frumusețea lui *punct de vedere interesant* este că destabilizează total judecata. Îi anulează validitatea. Câteva pagini mai încolo ne vom uita din nou la asta sub forma unui instrument cu ajutorul căruia să renunțăm la judecată dar, cel puțin pentru moment, observă cât de mult spațiu obții atunci când te uiți la o persoană sau la o situație sau la o alegere ca la ceva *interesant*.

Cuiva nu-i place de tine? *Interesant.*

Momentul acela în care te-ai făcut de râs în fața unei persoane pe care o admirai cu adevărat? *Interesant.*

Cineva crede că gustul tău în ce privește decorul casei tale este îngrozitor? *Interesant.*

Nu-i așa că *interesant* îți oferă mult mai mult spațiu cu privire la o anumită situație?

Punct de vedere interesant nu se solidifică precum judecata; are o energie cu totul diferită și, iată cheia: nu va crea durere, traumă sau boală în frumosul tău corp.

Știi că primești mai mult din lucrurile pe care îți concentrezi energia?

Corpul tău este, într-un fel, asemănător unui animal sau unui bulgăre de lut. Stai! Nu da cu cartea de pereți. Ascultă-mă.

Corpul tău – și al meu! – este precum un minunat și formidabil bulgăre din lut care este aici și îți spune: „Îți voi da orice dorești, doar spune-mi ce este acel lucru. Sunt gata!"

Și ce dăm noi corpurilor noastre? Judecată. Ne zărim cu coada ochiului în oglindă și instantaneu aruncăm o mulțime de judecăți în direcția frumoaselor noastre corpuri. „Ahh, am fundul căzut. Și uită-te la laba gâștei. Fac gușă? Întotdeauna mi-am urât coapsele, sunt atât de grase..."

Energia apăsătoare și intensă a judecății este absorbită de corpurile noastre care sunt dornice să ne facă pe plac și să ne ofere ce cred ele că vrem noi, corpul ne dă un fund căzut, laba gâștei mai pronunțată, o gușă mai mare și coapse mai groase. Ne-am orientat energia judecății asupra corpului nostru cu atâta intensitate încât corpul o absoarbe și spune: „Aha, asta este ce-ți dorești! Nicio problemă, pot face acest lucru pentru tine."

Câte judecăți ai avut despre corpul tău doar în ultimele 24 de ore? Tot ce este acest lucru, vrei să distrugi și să decreezi, te rog? ***Right and wrong, good and bad, POD and POC, all 9, shorts, boys, POVADs and beyonds.***

Cine sau ce îți creează realitatea?

Unii dintre noi sunt de părere că judecățile și concluziile noastre despre lume sunt doar fapte și reflecții despre lume. Unii oameni chiar cred că, atunci când judecă ceva ca fiind bun sau rău, ei doar spun ceea ce observă despre acele lucruri.

Punctul meu de vedere este că nimic nu este așa cum îl judecăm noi a fi. Judecata noastră este cea care ne creează realitatea. În esență, punctul nostru de vedere este ceea ce ne creează realitatea și nu invers.

Gândește-te...

Punctul tău de vedere îți creează realitatea; realitatea nu îți creează punctul de vedere.

Acesta este un concept revoluționar. Îl mai vrei o dată?

Punctul tău de vedere îți creează realitatea; realitatea nu îți creează punctul de vedere.

Gândește-te la asta o clipă. Ai întâlnit vreodată pe cineva care avea o viziune cu adevărat negativă asupra vieții? Se vaită adesea că nu au noroc, că se îmbolnăvesc des și că lucrurile nu merg bine aproape deloc pentru ei. Și apoi... au parte de mult ghinion, se căptuşesc cu orice microb care apare şi, surpriză, trec din eşec în eşec.

Şi dacă punctul lor de vedere le creează realitatea? Chiar poate fi atât de simplu?

Eu cred că este. Tu ce crezi? Dacă poţi primi în universul tău conceptul conform căruia tu îţi creezi lumea, eşti pe drumul care duce la o schimbare incredibilă.

Eşti dispus să dizolvi orice judecată pe care o ai în corpul tău şi în viaţa ta... chiar acum?

Disponibilitatea ta de a te elibera de judecată este catalizatorul pentru o măreţie transformatoare. Atunci când emiţi o judecată şi nu eşti dispus să o schimbi, tu menţii în loc orice problemă sau limitare ai avea. Atât timp cât este acolo, singurul lucru pe care îl poate face este să continue să creeze catastrofa pe care o creează în viaţa ta, oricare ar fi aceasta. Necazuri, suferinţe, tristeţe şi dureri sunt acolo pe termen lung – până când nu mai sunt. Până când alegi altceva.

Când eşti dispus să renunţi la judecată, rulează următoarea curăţare. În paginile care urmează voi împărtăşi mult mai multe tehnici prin care să te debarasezi de judecată dar acesta este un punct de plecare extraordinar pentru tine – şi este unul extraordinar de împărtăşit cu clienţii tăi.

PARTEA A DOUA

<u>Toate judecățile pe care le ai care creează dezastrul din viața ta și dezastrul din corpul tău, pe care tu crezi că nu le poți schimba, vrei să le distrugi și să le decreezi, te rog?</u> ***Right and wrong, good and bad, POD and POC, all 9, shorts, boys, POVADs and beyonds.***

Ești gata să renunți la și mai mult?

Ce ar fi posibil atunci?

Renunțarea la judecată: Instrumentar

În primul rând: STOP!

Aici este locul în care îți iei un angajament: începând de acum, observă când și cât de des te judeci într-o zi. Gândește-te acum la ziua de azi și întreabă-te cât de mult te-ai judecat. Pentru unii oameni judecata începe atunci când se privesc dimineața în oglinda de la baie; pentru alții începe chiar dinainte să deschidă ochii.

Iată care este misiunea ta: tot restul zilei fii atent la orice gânduri de judecată care îți vin despre tine și, de îndată ce observi aceste gânduri ieșind la suprafață, pur și simplu spune-ți STOP.

Nu trebuie să explorezi mai mult, sau să te întrebi de ce se întâmplă asta, sau să aprofundezi subiectul în vreun fel – doar dă-ți comanda STOP și continuă-ți ziua.

Am împărtășit acest instrument cu foarte mulți oameni – unii dintre ei îmi spun că le place să își imagineze o mână, sau un semn cu inscripția STOP, sau alt vizual; unii spun asta cu voce tare, pe când alții și-o spun în surdină. Fă așa cum funcționează pentru tine, ideea este... doar să faci asta! Iată curățarea cu care să însoțești acest pas:

> *Tot ce este acest lucru și de oriunde l-am preluat, distrug și decreez. **Right and wrong, good and bad, POD & POC, all 9, shorts, boys, POVADs and beyonds.***

Și dacă două secunde mai târziu te judeci din nou? Simplu – îți spui din nou STOP și folosești curățarea de încă două sau zece sau două sute de ori dacă dorești. Ideea este să întrerupi modelul de gândire, obiceiul, ciclul de judecată, chiar și dacă durează doar câteva secunde. Devenind conștient de el, ajungi să-l controlezi iar apoi poți alege să-l repeți mai puțin.

În conștientizare se naște libertatea ta.

Corpul este un loc extraordinar unde să începi să te antrenezi pentru a elimina judecata deoarece, așa cum am discutat, suntem foarte predispuși să revărsăm o litanie de judecăți asupra corpurilor noastre.

Dacă îți dorești să mergi mai departe, întreabă-te: *Care sunt primele cinci zone ale corpului meu pe care le judec în mod constant?*

Apoi, oricând observi că judeci acea parte a corpului tău, fie că sunt șoldurile, brațele, abdomenul, nasul, picioarele – vizualizează mâna sau semnul STOP și rulează curățarea.

Asta e tot! Nu e necesar să muncești mai mult decât atât pentru că nu e necesar să muncești mai mult pentru ca spațiul să se deschidă în viața ta acolo unde înainte era doar contracție.

Dacă ești dispus, fă acest exercițiu în următoarele trei până la cinci zile – cu orice ești confortabil. Vezi ce se întâmplă. Poate vei avea sentimentul că acest lucru este mai ușor de schimbat decât ți-ai imaginat vreodată.

Următorul nivel

Ai fi dispus să observi și când recurgi la o judecată *bună* despre corpul tău?

Nu toată lumea este fericită să desființeze judecata *bună* și înțeleg acest lucru pentru că știu cât de greu poate fi să te simți bine cu tine în această realitate. Dacă nu ești confortabil folosind STOP și rulând curățarea pentru judecata bună, este suficient pentru moment doar să observi când recurgi la ea și, poate, să pui această întrebare: *Ce este necesar pentru ca eu să renunț la orice formă de judecată?*

Te rog să reții: poți fi conștient că ai păr frumos, un corp sculptat, cele mai fine buze din câte există, un caracter profund altruist sau un extraordinar simț al umorului – dar nu e necesar să atașezi o judecată acestor lucruri. Nu trebuie să renunți la nimic. Alegând să folosești aceste instrumente sau orice îți transmit eu, nu va crea niciodată în tine un sentiment de inferioritate. Spun acest lucru adesea pentru că este adevărat: nu ai nimic de pierdut cu excepția limitărilor tale.

Alege recunoștința

Dacă ești în căutarea unui antidot la judecată, îl vei găsi *întotdeauna* atunci când alegi recunoștința. Pur și simplu, judecata nu poate exista acolo unde există recunoștință. Dacă ești recunoscător pentru întregul tău corp și pentru fiecare parte luată separat, ți se va părea extrem de greu să-l mai judeci! Când apreciezi lucrurile uluitoare pe care corpul tău le face pentru și împreună cu tine, devine foarte greu să-i mai faci viața amară.

Mai simplu spus: în orice situație, fie resimți recunoștință, fie judeci. Cele două nu pot coexista. De fiecare dată când alegi recunoștința, judecata dispare și vice-versa: dacă alegi judecata, recunoștința dispare. Este dificil să fii recunoscător pentru ceva ce crezi că este insuficient.

Dacă ar trebui să alegi între judecată și recunoștință, care ar crea cel mai mult pentru tine și corpul tău?

Ce anume alegi să fii cu corpul tău chiar acum?

Interesant punct de vedere că am acest punct de vedere

Revenim la conversația noastră de acum câteva pagini unde ne-am uitat la felul în care *punct de vedere interesant* are o energie foarte diferită de judecată. Ai fi de acord să aplici asta într-un mod foarte practic pentru a crea o schimbare uimitoare în doar câteva clipe?

Gândește-te la orice supărare din viața ta din ultimele câteva săptămâni, supărare care este încă prezentă și te sâcâie. Poate să fie despre o persoană, sau un eveniment, o conversație, o altercație, orice ar fi care ți-a apăsat butoanele. Percepe energia aceea, oricât ar fi de inconfortabil.

Acum spune asta, în prezența acelei energii: „Interesant punct de vedere că am acest punct de vedere." Spune-o cu voce tare sau în sinea ta, cum te simți tu bine.

Interesant punct de vedere că am acest punct de vedere.

Observă ce se întâmplă cu acea energie inițială pe care ai adus-o la suprafață. S-a schimbat puțin? Poate ai să constați că ceea ce a fost foarte apăsător și limitator cu o clipă în urmă acum s-a ușurat, chiar dacă doar foarte puțin.

Acum fă-o din nou. Acelei energii noi, care este mai ușoară, spune-i din nou: *Interesant punct de vedere că am acest punct de vedere.*

Este și mai ușoară? Există mai mult spațiu în jurul ei?

Continuă: *Interesant punct de vedere că am acest punct de vedere.*

O poți face de câte ori dorești dar eu constat că doar de trei ori schimbă complet energia.

Avertisment: Poate crea dependență! Și este atât de simplu.

Ceea ce trăiești este locul libertății depline, locul dincolo de judecată.

Frumusețea este că poți folosi asta pentru absolut orice din viața ta și te va elibera de judecăți. Când funcționezi din *punct de vedere interesant*, nu există corect și nu există greșit. Totul este exact așa cum este de fapt.

Pentru mine, punct de vedere interesant poate fi resimțit precum un adânc oftat de ușurare. Pacea coboară iar eu încep să fiu un alt spațiu pentru oamenii din jurul meu, inclusiv cei pe care și cu care lucrez.

Gândește-te la următorul lucru: pune-te o clipă în locul unui client. Ai alege mai degrabă un practician care are, și *care este*, energia *punctului de vedere interesant* sau ai prefera să te afli în prezența cuiva care acționează cu și din judecată?

Știu ce aș prefera eu și cred că este la fel și pentru tine.

Când ești spațiul de non-judecată pentru cineva, se pune în mișcare schimbarea prin vindecare.

Gândește-te la cineva care nu te judecă

Dă-mi voie să-ți pun o întrebare – și este una pe care am pus-o în ultimii douăzeci de ani în cursuri din lumea întreagă.

Există o persoană în viața ta care nu te judecă și care nu crede că ar trebui să fii diferit față de cum ești chiar acum?

Gândește-te o clipă la acea persoană. Cum este să te afli în prezența ei? Nu este extraordinar?

Dacă acum nu ai o astfel de persoană în viața ta, chiar îmi pare rău.

Ai putea să fii tu acea persoană pentru tine însuți?

Ai putea să fii tu acea persoană pentru oamenii care vin la tine?

Atunci când alegi să îți faci meseria din starea *punct de vedere interesant* și nu din judecată, descoperi cum clienții sunt atrași de tine. Crede-mă, vei avea mai multe programări și mai mult interes decât ai crezut vreodată a fi posibile. De ce? Deoarece, fie că ei știu asta sau nu, a fi în prezența cuiva care nu-i judecă este unul dintre principalele lucruri pe care oamenii de pe planeta aceasta îl caută.

Cine este persoana din viața ta la care vrei să apelezi când ceva merge prost? Este cea care îți spune cât de greșite sunt alegerile tale sau cea care te lasă să vorbești și, la scurt timp, acea greutate a lumii întregi se ridică de pe umerii tăi?

Acea persoană funcționează din non-judecată, nu are așteptări în ce te privește și nu face proiecții cu privire la cine cred ei că ar trebui să fii.

Cum ar fi dacă ai putea fi asta pentru clienții tăi?

Poți – și ai făcut pasul pentru a începe să fii acest lucru. Pune în practică instrumentele din acest capitol și vei deveni foarte bun la a observa atunci când orice fel de judecată intră în lumea ta și foarte bun la a te elibera de ea.

O altă posibilitate

Până aici, ne-am concentrat foarte mult pe a nu ne mai judeca pe noi și corpurile noastre, ceea ce constituie punctul de plecare cel mai evident.

Cum ar fi dacă ai extinde zona de atenție și ai observa și atunci când judeci alte persoane și alegerile pe care le fac ele?

La momentul la care scriu, ne aflăm într-un punct al istoriei omenirii în care mulți cetățeni ai lumii sunt frustrați și furioși pe politicieni și pe cei care creează politicile și care par a conduce planeta. Oricât ai fi de furios pe anumite figuri politice, dacă vrei cu adevărat să faci o schimbare în lume *și* să îți asumi adevărata ta putere ca vindecător, cel mai eficient pas pe care îl poți face este să renunți la judecățile pe care le ai despre oamenii aceia.

Ține minte: judecata ta nu face decât să solidifice ceea ce este deja acolo.

Până acum poate ai crezut că ai doar două variante de răspuns la orice situație:

Te poți alinia și poți fi de acord, care este polaritatea pozitivă

sau

te poți împotrivi și poți reacționa, care este polaritatea negativă.

Acum, ai conștientizarea unei a treia opțiuni: poți fi *punct de vedere interesant* – varianta fără nicio polaritate. Te poți uita la o situație și poți, pur și simplu, să recunoști ceea ce se întâmplă. Contrar a ceea ce îți vor spune multe persoane, acesta este un loc al puterii și, întâmplător, este și locul din care creezi cea mai mare schimbare.

Cei mai mulți dintre noi am fost învățați că trebuie să luptăm împotriva anumitor cauze sau inechități pentru a produce schimbare. Am fost învățați că, dacă nu alegem să fim de o anumită parte a baricadei și să luăm atitudine împotriva nedreptăților pe care le vedem în lume, atunci nimic nu se va schimba și nimic nu poate deveni mai măreț. Aceasta este o minciună. Una mare.

Adevărul este că potența noastră rezidă în a alege să FIM *punct de vedere interesant* (IPOV) cu privire la acei oameni, acele evenimente și nedreptăți pe care dorim să le remediem. Când trecem dincolo de nevoia de luptă și de a demonstra cât de mult greșește cealaltă parte, avem cu mult mai multe șanse să inițiem schimbare. A fi IPOV este ceea ce ne permite să deschidem spațiul pentru ca posibilitățile să existe și așa devenim, literalmente, un spațiu al schimbării. A lupta împotriva unei persoane sau a unei cauze nu mai este necesar. A FI este singurul lucru necesar.

Și, nu ai luptat destul de mult timp împotriva limitării? Alege să fii spațiul IPOV iar acea lume diferită pe care ai dorit-o va începe să se actualizeze chiar sub ochii tăi.

IPOV este platforma de pe care se lansează propria ta rachetă a vindecării. Cu cât te apropii mai mult de spațiul de *a fi,* cu atât mai multă schimbare poți crea – *și* o poți face mai rapid și la o scară mai mare decât ai crezut vreodată că este posibil.

PARTEA A TREIA

UN NOU FEL DE A VINDECA

A venit momentul să-ți duci conștientizarea la nivelul următor?

—

Cum ar fi dacă ți-ai înțelege chiar și mai mult darul în ce privește abilitatea ta de a dialoga cu corpurile?

—

Și dacă ai putea iniția schimbări uluitoare în viețile oamenilor, fiind în permisivitate, fiind prezent cu energia a tot ce le provoacă durere și prin a le pune întrebări?

—

Și dacă ai putea FI întrebarea?

—

Și dacă chiar ai ști și ai înțelege valoarea darului tău – și nu ți-ar fi frică să primești?

CAPITOLUL 6

Distanțarea de empatie, compătimire și devotament

Știi ce este un *empat*? Este posibil să fii și tu unul?

Un *empat* este o persoană care are capacitatea de a vindeca, așa că sunt gata să spun că oricine a citit până aici din carte este un empat.

Ca empat ai abilitatea de a crea schimbare în corpurile oamenilor și în viețile lor. Schimbarea pe care o creezi se poate face de la persoană la persoană *și* la nivel planetar. Atât ești de puternic, de grijuliu și atât de mult un dar.

Percepi că se pregătește să apară un „Și, cu toate acestea"? Unul prietenos!

Iată cum stau lucrurile despre un empat – iar aceasta nu este o critică, doar o constatare din anii în care am lucrat cu atât de mulți dintre ei... și din faptul că sunt și eu unul ca ei! De fapt, ce urmează să spun face parte din teritoriul vindecătorilor – și este ceva ce obișnuiam și eu să fac.

Așa cum am văzut în capitolul 4, în demersurile noastre de a alina durerea și suferința altora, avem capacitatea de a prelua acea durere și suferință asupra noastră înșine. Putem face asta cu oamenii de care ne pasă, cu clienții pe care îi avem și chiar și cu străinii pe care îi întâlnim pe stradă.

Adesea, facem acest lucru fără măcar să fim conștienți că-l facem. Probabil ai o sesiune cu un client care se plânge de o problemă fizică precum umărul blocat și, la scurt timp, umărul tău începe să doară. Apropo, umărul lor s-a simțit mult mai bine – deoarece tu, în efortul tău de a ajuta, a îngriji și a vindeca, ai preluat durerea și suferința lor în propriul tău corp.

Se poate întâmpla și cu simptome psihologice. Te-ai aflat vreodată în preajma cuiva deprimat și ai observat cum te-a copleșit un val de tristețe exact atunci când ei au început să se simtă mai bine? Tu ai preluat durerea lor.

Pe de o parte, faci ceva extraordinar: vindeci oameni! Cei care vin la tine pentru schimbare sunt încântați că le-ai oferit-o. Dar pe de altă parte, schimbarea este temporară – durerea lor va reveni.

De ce? Pentru că nu au *ales* să renunțe la ea – *ai preluat-o tu*. Chiar dacă ai făcut-o din motivul că îți pasă, elementul cheie este că ai fost condus de empatie, compătimire și devotament. Și cu toate că nu ți-ai dat seama de acest lucru niciodată sau nu te-ai gândit la acest lucru până acum, empatia, compătimirea și devotamentul sunt toate puncte de vedere de superioritate. De ce? Deoarece te plasează pe tine *deasupra* persoanei asupra căreia lucrezi.

Când empatizezi cu – sau compătimești pe cineva care are dureri și te dedici pentru a face acea durere să dispară, te faci pe *tine* cea mai puternică persoană din acea interacțiune. Tu ești cel cu leacul, antidotul, remediul iar cealaltă persoană are nevoie de tine pentru a se simți mai bine.

Aducerea la lumină a adevăratului caracter al empatiei, compătimirii și devotamentului ne oferă o manieră total diferită de a privi vindecarea. Și nu este vorba despre a spune că greșești pentru că îți desfășori practica din empatie, compătimire sau devotament. Știu că provine din altruismul tău – dar în același timp știu că ești capabil de mult mai mult. Și chiar se reduce la:

Darul alegerii

Dă-ți seama că munca ta – darul tău, ca persoană care poartă un dialog subtil cu corpurile –, constă în a împuternici oamenii să facă o alegere diferită și *aceasta* este cheia pentru vindecare adevărată. Când ești tu însuți cu adevărat, le permiți să devină conștienți de o posibilitate diferită.

Instrumentele menite să te susțină în acest demers îți sunt prezentate în acest capitol și pe parcursul întregii cărți dar, pentru moment, aș dori să începi să recunoști asta deoarece este, efectiv, un punct de vedere despre vindecare foarte radical. Și este un punct de vedere care permite o schimbare mult mai profundă. Atunci când preiei durerea sau suferința cuiva, în realitate tu îi răpești autonomia și puterea de a alege *să renunțe la ea el însuși*.

Alegerea este cheia către vindecare și este alegerea clienților tăi cea care deschide ușa înspre viața lor frumoasă și lipsită de durere.

Cred că noi trăim într-o eră în care ni se cere să-i împuternicim pe oameni. Iar tu, cu capacitatea ta de a împuternici oamenii să aleagă ceva diferit, ești o specie rară și minunată.

Ai auzit vechiul proverb: dă-i unui om un pește, și-l vei hrăni pentru o zi; învață-l să pescuiască și se va putea hrăni singur tot restul vieții? Asta faci tu: împuternicești oamenii să fie bine, să fie veseli, să fie împliniți tot restul vieții lor – nu doar temporar, atât timp cât faci ca durerile lor să dispară.

Și iată cheia: dacă arăți cuiva că are puterea să aleagă să schimbe orice se întâmplă în viața lui, este genial. Dacă alege să nu schimbe, este tot genial.

Asta înseamnă că nu te pedepsești pe tine, nu îi cerți pe ei și nu te înfurii pe lume și apoi renunți să mai fii vindecător din cauza nedreptății și frustrării care apare atunci când cineva nu alege conștiința și schimbarea.

Nu este responsabilitatea ta să schimbi oamenii. Chiar și atunci când ai în fața ta pe cineva la care ții și cu care te simți conectat, cineva pe care îl înțelegi pe deplin, cineva pe care îți dorești din tot sufletul să-l ajuți. A prelua asupra ta problema lor nu va funcționa – niciodată.

Darul tău este să-i inspiri pe oameni să aleagă schimbarea ei înșiși.

Pe scurt: nu este vorba despre tine. Am văzut extrem de mulți vindecători blocându-se într-o buclă de judecată atunci când clienții lor nu au ales să se schimbe. Sincer vorbind, am văzut asta de mii de ori. Dacă ți se pare cunoscut, rulează curățarea:

Tot ce ai făcut pentru a crea greșeala de sine ca vindecător, greșeala de sine ca persoană care facilitează schimbare și greșeala de sine ca persoană care nu poate face suficient de mult pentru suficient de mulți oameni, într-un interval de timp suficient de scurt pentru a schimba, de fapt, lumea așa cum știi că este posibil, vrei să distrugi și să decreezi, te rog? **Right and wrong, good and bad, POD and POC, all 9, shorts, boys, POVADs and beyonds.**

Oricât de frustrant poate fi să știi că cineva ar trebui să fie capabil să facă o alegere și alege să nu o facă, atunci când te detașezi de emoția acestei situații – *de superioritatea acestui lucru* – îți desfășori activitatea cu mult mai multă ușurință și eficacitate. Nu mai trebuie să te dedici să-i faci pe ceilalți să se schimbe și nici nu mai trebuie să le preiei durerile în corpul tău doar pentru a le oferi puțină ușurare.

Tot ce trebuie să faci este să le arăți o posibilitate dincolo de durere, fiind pur și simplu tu însuți. Și să le arăți o posibilitate dincolo de suferință, permițându-le să știe că suferința nu trebuie să mai existe.

Iată cum: FII energia

Darul tău constă în a fi alături de clienții tăi fără să-i judeci, într-un spațiu în care îți pasă pe deplin și din care le observi genialitatea și frumusețea. Fii prezent ca spațiul lui a fi, spațiu care este în întregime vulnerabil. Fii dispus să parcurgi toate încercările și suferințele prin care au trecut sau trec ei. Fii sursa pentru o posibilitate mai grandioasă și sprijină-i și ai grijă de ei astfel încât să poată recunoaște că au puterea de a alege.

Acest fel de a fi cu oamenii creează o schimbare care nu se compară cu nimic altceva din tot ce știu eu. Lucrurile vor evolua în viața lor, în corpul lor, în lumea lor, în sufletul și psihologia lor, într-un fel care părea imposibil până atunci. Și totul pornește de la faptul că tu nu îi tratezi din empatie, compătimire și devotament ci alegi, în schimb, să fii conștientizarea că ei pot depăși orice situație.

Privește-i pe cei asupra cărora lucrezi ca măreția pe care ei nu sunt capabili să o vadă în ei înșiși. Nu este despre a exprima asta în cuvinte – acesta este un spațiu dincolo de cuvinte. Oricum, cuvintele, mai ales complimentele, sunt deseori respinse. În schimb, *fii* energia conștientizării măreției care sunt ei. Și, în același timp, *fii* conștientizarea energiei tuturor lucrurilor pe care tu însuți le-ai depășit.

Când ești conștientizarea energiei tuturor lucrurilor care sunt posibile cu adevărat, le oferi clienților tăi puterea de a-și transforma întreaga lume. Transformările și schimbările pe care le facilitezi pentru ca ei să le creeze sunt absolut fenomenale – unii ar putea chiar să le numească miraculoase.

CAPITOLUL 7

Vindecare cu haos

Când te gândești la felul în care boala afectează corpul din punct de vedere biologic, ce imagini îți vin în minte?

Când vizualizezi o boală sau un virus care pune stăpânire pe organe, pe oase, pe celule, ai impresia că se duce un atac asupra corpului într-un anumit fel? Că ceva recalcitrant și anarhic tulbură un sistem organizat?

Dacă se întâmplă astfel, este deoarece acesta este consensul general și este punctul de vedere al majorității profesioniștilor care practică medicina și studiază bolile. Ne-am însușit acest punct de vedere în așa măsură că, atunci când vorbim despre efectele unui virus, sau ale unei infecții, sau despre o maladie cum este cancerul, folosim adesea un limbaj care dă impresia că are loc ceva haotic și că ceva anume contestă starea lucrurilor și pune la încercare pacea corpurilor noastre.

Și eu am crezut acest punct de vedere: *Haosul este rău, ordinea este bună*. Aceste convingeri fundamentale mi-au modelat înțelegerea naturii bolii mare parte din viața mea de adult. De fapt, doar în ultimii cinci ani am accesat conștientizarea că altceva avea loc și sunt deosebit de încântat să împărtășesc asta cu tine pentru că, sincer, este ceva revoluționar.

Întotdeauna am presupus că, dacă sunt interesat de conștiință și posibilități mărețe, este sarcina mea să aduc ordine în haosul acestei lumi. Mi se părea că ordinea este cea care aduce pacea, în timp ce haosul aducea cu sine agitație, dezordine și distrugere.

Și apoi... ceața s-a ridicat și am avut o conștientizare cu totul nouă:

Haosul este o forță creativă care acționează ca un catalizator major pentru schimbare. În haos rezidă libertatea și posibilitatea.

Să ne-nțelegem: această conștientizare a fost ca un scurt-circuit al creierului atunci când a apărut în lumea mea pentru prima dată. Ai observat că adesea este așa cu lucrurile care îți pun convingerile sub semnul întrebării? După care, după ce am început să institui asta în practica mea, a început să schimbe totul.

Așadar, cum a apărut în lumea mea?

Așa cum se întâmplă adesea: cu o întrebare sau, în acest caz, cu o mulțime de întrebări. Cu aproximativ cinci ani în urmă am avut un client cu care energia era foarte apăsătoare. Foarte, foarte apăsătoare și foarte, foarte solidă. Nu-l puteam duce într-un loc în care să fi putut dizolva asta și eram frustrat.

Am început să pun întrebarea: *Mă întreb ce ar fi necesar pentru a schimba asta?*

Apropo, această întrebare este un instrument extraordinar pentru persoanele pe care lucrezi și care au dificultăți mari în a se schimba. Vom mai reveni asupra acestei întrebări, și asupra altora, în câteva capitole în care ne vom uita cu atenție la uluitoarea schimbare pe care o pot iniția întrebările în viețile clienților tăi.

Discutam despre această situație cu Gary, așa cum facem noi, și îi împărtășeam frustrările mele. Printre întrebările pe care le-am scos la iveală au fost: *Mă întreb ce ar fi necesar pentru a schimba asta? Mă întreb ce întrebare ar trebui să-i pun acestei persoane? Mă întreb ce conștientizare ar trebui persoana să primească?*

Știam deja că, oricare ar fi aspectul de viață pe care o persoană nu-l poate schimba – fie că este vorba de o boală, fie că este depresie, fie că era un punct de vedere fix în ceea ce privește banii, relațiile sau orice altceva din viața lor – persoana respectivă își va fi ordonat realitatea în așa măsură încât a devenit de neclintit.

Dar a trebuit să trecem de acea conștientizare și să punem întrebarea: „Dacă asta reprezintă ordine, ce ar fi necesar pentru ca schimbarea să se producă?" și am obținut de îndată un singur cuvânt:

Haos.

Era atât de ușor.

A fost atât de ușor încât nu l-am putut nega și a fost atât de ușor încât am început să râd. Mă rog, să chicotesc mai degrabă. Mi-am dat seama că am petrecut mare parte din viața mea ca adult încercând să aduc ordine în lumea și în corpurile oamenilor, în timp ce haosul este ingredientul-cheie care favorizează libertatea și apariția posibilităților.

Cu această singură conștientizare a apărut în lumea mea foarte multă ușurință și s-a schimbat felul în care priveam aproape fiecare relație cu clienții de la vremea aceea. (Și multe dintre relațiile mele cu persoane care nu-mi erau clienți).

Știi cum, odată ce începi să vezi lucrurile dintr-un unghi diferit, începi să vezi toate locurile în care această nouă conștientizare s-ar putea aplica? Mi-am dat seama cum, fiecare caz în care am fost blocat și incapabil să contribui cu o schimbare, avea originea în ordine. Și când mă gândeam la orice schimbare pe care am creat-o vreodată pentru clienți până în acel moment, fie că erau blocați în plan fizic, emoțional, financiar, în relațiile sau în corpurile lor – indiferent ce era –, de fiecare dată când se crea schimbare, aceasta era creată prin adăugarea haosului.

Haosul este creativ

Foarte mulți oameni asociază în mod greșit haosul cu dezordinea care, din punctul meu de vedere, nu este unul și același lucru. Dezordinea este o forță distructivă care creează întotdeauna *mai puțin* în viețile oamenilor.

Pe de altă parte, haosul este o forță care creează schimbare ce creează *mereu* mai mult în viețile oamenilor. Este o diferență semnificativă, una care poate fi deosebit de revelatoare.

Acum doi ani, cartierul meu a fost lovit de un uragan care mi-a inundat casa, apa atingând un metru înălțime. Acest uragan a constituit centrul atenției știrilor internaționale. Potrivit multor canale de știri și opiniilor vecinilor și a prietenilor și a neliniștiților membri ai familiei mele, acest uragan *a adus haos total*. A distrus case, a doborât linii de înaltă tensiune, a provocat închiderea afacerilor.

Mie, cu siguranță mi-a adus durere de cap iar curățarea și restaurarea de după a necesitat foarte multă atenție și energie din partea mea.

Cu toate acestea, procesul de reconstruire *mi-a îmbunătățit casa*. A trebuit să fac îmbunătățiri pe care nu le-aș fi luat în considerare dacă nu mi-ar fi fost forțată mâna. Mă bucuram de casa mea într-un mod cu totul nou – și asta este ceea ce se întâmplă cu haosul: *el creează un spațiu pentru schimbare, chiar și atunci când, la început, acea schimbare pare a fi inoportună.* Treaba cu schimbarea este că *este întotdeauna oportună.* Și este mereu regenerativă și are elan așa cum are și haosul.

Ca vindecători, sarcina noastră este să restaurăm mișcarea sub forma haosului în viețile oamenilor.

Pentru a merge mai profund în această conștientizare a lucrurilor, haide să explorăm mai atent atât ordinea, cât și haosul.

Prim-plan cu ordinea

Fiecare judecată reprezintă ordine. Fiecare gând, fiecare sentiment, fiecare emoție, fiecare punct de vedere fix. Fiecare proiecție, fiecare așteptare, fiecare separare și respingere. Și, atunci când proiecțiile și așteptările tale nu sunt îndeplinite, și te judeci pe tine și pe ceilalți, și întreaga lume, asta este ordine, ordine, ordine.

Atunci când judeci, orice nu se potrivește cu acea judecată nu poate intra în conștientizarea ta. Când judeci ceva ești doar dispus să vezi acel lucru ca fiind unic, ceva solid, robust și greu care nu are capacitatea să evolueze sau să se schimbe.

Asta nu înseamnă că nu există altceva dincolo de asta, ci înseamnă că tot ce ești dispus să vezi este lucrul care se potrivește cu judecata pe care o emiți și se potrivește cu corectitudinea judecății tale.

De fiecare dată când trebuie să ai dreptate, creezi ordine. De fiecare dată când decizi că greșești, creezi ordine. De fiecare dată când trebuie să menții corectitudinea punctului tău de vedere sau incorectitudinea punctului tău de vedere, creezi ordine.

Apropo, ce energie percepi în jurul conceptului de ordine? Percepi o senzație de apăsare sau de ușurință? Este solidă sau spațioasă?

Dar haosul? Când lași deoparte ideea că haosul este violent sau distructiv, percepi în jurul lui mai mult o senzație de posibilitate, spațiu și libertate?

Prim-plan cu haosul

Pentru mine schimbarea a survenit atunci când mi-am dat seama că, de fapt, conștiința este haos.

Haosul este conștiința în mișcare.

Stai puțin și gândește-te la natură: copacii, plantele, uimitoarele rețele de ciuperci de dedesubtul și de deasupra solului pădurii. Gândește-te la mușchi, la iarbă, la primele narcise care apar primăvara. La lanțuri de munți, lacuri, vulcani, la mare. Percepe natura în mintea ta. Resimte-o în corpul tău.

Există o intensitate acolo?

Există haos acolo?

În natură există haos iar el coexistă cu cea mai mică doză de ordine posibilă. Haosul este necesar și esențial pentru natură doar că el nu este niciodată dominat sau conținut de ordine. Noi, oamenii, suntem cei care avem tendința de a ne ordona cât mai mult posibil haosul de care dispunem în mod natural.

Comportamentul animalelor provine din haosul de a fi capabile să evolueze permanent în funcție de schimbarea mediului lor. Încă o dată: ordinea este prezentă și este în cantitate minimă comparativ cu haosul. Ordinea le menține integritatea corpurilor, la fel precum haosul unui copac, al oceanului și al unui vulcan este menținut cu o cantitate minimală de ordine.

Nu-i așa că este frumos atunci când privești lucrurile în felul acesta?

Să ne întoarcem privirea către cer pentru a descoperi mai mult: stelele, planetele și energia întunecată pe care oamenii de știință recunosc că nu o înțeleg încă pe deplin. Soarele continuă să-și creeze propria energie mereu – este un minunat exemplu de haos menținut de ordine.

Cum ar fi dacă tu și corpul tău ați fi la fel de haotici precum natura, animalele și soarele?

Și ar putea fi acest lucru ceva frumos și electrizant?

Energia de a... fi viu

Eu sunt de părere că haosul este starea noastră firească. Sunt sigur că atunci când erai bebeluș sau copil mic care descoperea lumea pentru prima dată, făceai acest lucru dintr-o stare firesc haotică: fie la nivel fizic, cu o uriașă energie de a alerga, a sări, a te juca, a atinge, a încerca și a gusta, fie la nivelul imaginației tale unde natura ta curioasă se juca cu ideile, cu poveștile și conceptele și punea o sumedenie de întrebări.

Dacă am putea fi din nou așa? Haos, cu doza potrivită de ordine, pentru a ne menține în stare de funcționare pe această planetă frumoasă.

Această energie, această intensitate a trăirii este o energie deosebit de haotică – *și este o energie conștientă* – deoarece copiii mici nu au niciun punct de vedere cu privire la nimic.

Unde a dispărut haosul tău?

Pe cât suntem de haotici în mod natural, în această realitate, acel haos este găzduit de un corp care are atașată o minte. Haosul este în continuare acolo dar e posibil să se fi atenuat și să se fi estompat, și poate că a fost redus la tăcere de punctele de vedere ordonate care vin în permanență din lumea exterioară.

Cei mai mulți dintre noi suntem acum în mare parte solidificați, doar cu câteva zone haotice. Ce este o zonă haotică? Acele momente în care simți că ai cu adevărat bucuria de a fi tu însuți. Poate că râzi necontrolat, te simți amețit sau calm și centrat – este diferit pentru fiecare dintre noi. Elementul comun este senzația frumoasă de ușurință și de conectare cu cine ești cu adevărat.

Ce rezonanță are lucrul acesta pentru tine? Îți poți da voie să fii puțin haotic?

Tot ce nu-ți permite să fii cât de haotic ești cu adevărat, deoarece ai decis că e greșit și ți s-a spus că era greșit, astfel încât ai decis că nu vei mai fi așa niciodată, mai ales pentru că ești genul vindecător care nu vrea să facă vreodată ceva rău cuiva, și ai decis că a fi haotic este ceva rău, în loc să recunoști că haosul tău, probabil este cel mai măreț dar pe care l-ai putea dărui tuturor celor pe care i-ai cunoscut vreodată, tuturor celor pe care i-ai întâlnit vreodată și tuturor celor pe care ai lucrat vreodată, tot ce este acest lucru, vrei să distrugi și să decreezi, te rog? **Right and wrong, good and bad, POD and POC, all 9, shorts, boys, POVADs and beyonds.**

Când intri tu în scenă, ca persoană care poartă un dialog subtil cu corpurile?

În capitolele care urmează, vei găsi instrumente, întrebări și sugestii cu privire la introducerea haosului în practica ta. Acum însă, aș dori doar să percepi energia haosului și a ce poate el crea în tine și în persoanele cu care lucrezi.

Una dintre cele mai grozave abilități pe care le ai ca vindecător este aceea de a reintroduce haosul în sistemele care au fost mult prea mult ordonate – de altfel, toate procesele patologice au la bază ordinea.

Ordinea este lentoarea pe care o percepi într-o parte a corpului cuiva unde există durere, rigiditate sau boală. Este lentoarea din oamenii care sunt deprimați sau triști. Este lentoarea care domină atunci când haosul – acel flux natural și mișcare a energiei – lipsește.

Când re-introduci haosul în spațiul tău de vindecare, schimbarea pe care o creezi nu este liniară. Ea merge dincolo de abordarea A + B = C atunci când lucrezi cu clienții.

În haos, o moleculă de schimbare poate crea un întreg univers de posibilități. În haos, o întrebare poate deschide o conștientizare către o lume complet diferită cu privire la ce ar putea fi disponibil.

Dacă ordinea conduce la eliminarea posibilităților, haosul conduce la eliminarea ordinii *și* la înmulțirea posibilităților.

Reintroducând haosul în locurile unde există ordine, vei observa cum corpurile oamenilor încep să se miște mai liber. Îi vezi devenind mai flexibili în ceea ce privește capacitățile lor emoționale, astfel încât să poată avea mai multă fluiditate emoțională. Îi vezi cum încep să regăsească o senzație de bucurie, o senzație de ușurință și o senzație de libertate.

Haosul reprezintă o mișcare constantă și un flux continuu, fără niciun punct de vedere fix, fără nicio judecată de corect sau greșit, de bine sau rău – este o mișcare a energiei.

Nu-i așa că e palpitant? Nu-i așa că este eliberator?

Să închinăm în cinstea ta, a haosului, a conștiinței – și în cinstea posibilităților pe care noi, împreună, le putem crea!

CAPITOLUL 8

Congruența

De câte ori ai avut experiența descrisă în cele ce urmează, sau ceva similar foarte apropiat? Te întâlnești cu o cunoștință, nu e o persoană pe care o cunoști foarte bine, poate este un coleg, după un eveniment important precum Crăciunul sau Anul Nou, sau când a revenit din vacanța petrecută într-un loc extraordinar precum Hawaii, și îl întrebi cum a fost. Iar persoana răspunde: „A fost minunat" doar că tu nu ești chiar convins că acesta este adevărul. Cuvintele persoanei spun ceva, în timp ce energia ei îți spune o poveste diferită.

Dacă ar fi să întrebi: „*Chiar* te-ai distrat bine?" persoana te-ar putea privi puțin surprinsă dar probabil că ar continua să spună: „Chiar m-am distrat!".

Dacă ești curios (sau puțin răutăcios) ai putea întreba din nou și de data asta ai putea constata că șovăie – sau chiar cedează – și îi scapă adevărul din gură: „Nu, a fost îngrozitor! Fratele meu a venit cu noua lui prietenă care a fost *extrem* de neobrăzată față de mine și nimeni nu a spus nimic, iar tata nu a fost deloc amabil cu chelnerii iar eu am fost stânjenit. Și știi ceva? Nu mă integrez deloc în familia aceea, de fapt mă simt chiar singur când sunt cu ei și... "

Aha, uau! Și tot ce a fost necesar a fost un set de întrebări pentru a vedea ce se ascunde în profunzime și ai ajuns la adevărul de dincolo de cuvinte. Apropo, nu sugerez să faci așa de fiecare dată când te întâlnești întâmplător cu un prieten sau cu o cunoștință – e în regulă să accepți și primul răspuns. Sunt sigur că le-ai spus oamenilor că totul e bine cu tine chiar dacă nu era, pentru că în acel moment nu doreai să intri într-o conversație intensă despre drama familiei în pauza ta de prânz.

Ideea este că acest lucru demonstrează cât de frecvent ceea ce spunem *în cuvinte* nu se potrivește cu ceea ce spunem *cu energia noastră*. Foarte des, aceste două modalități de comunicare pur și simplu nu sunt congruente.

Când vine vorba despre a lucra ca vindecător, vei constata că foarte des oamenii vin la tine și, *verbal,* îți vor spune de ce au programat o întâlnire cu tine și ce anume doresc ca tu să schimbi pentru ei, în timp ce *energetic* spun ceva cu totul diferit.

Ce face ca lucrurile să fie puțin delicate este că clienții noștri nu știu întotdeauna că ceea ce spun nu este ceea ce cer de fapt. Nu ne induc în eroare în mod intenționat sau nu ascund ceva – pur și simplu ei încă nu au claritate cu privire la motivul pentru care au venit la noi.

La suprafață, poate părea că le e clar și că se află în fața noastră spunând: „Aș vrea să mă scapi de durerea de umăr", sau „Am nevoie de ajutor cu încrederea în mine", sau „Chiar îmi doresc să construiesc o relație mai bună cu mama".

Și, deoarece tu crezi că aceasta este informația de care ai nevoie, vezi acest lucru ca permisiunea pe care ți-o dau, și te apuci să lucrezi pe acele subiecte.

Și apoi... după ședință, ai această senzație care nu-ți dă pace, cum că nu ai fi făcut tot ce ai fi putut face pentru persoana aceea, și mai știi că și persoana are această senzație. Cu toate că persoana a plecat simțindu-se fericită *într-o anumită măsură* și mai ușoară *într-o anumită măsură*, în adâncul sufletului tu știi că ai facilitat aproximativ 50% din schimbarea pe care ai putea-o crea pentru persoana aceea.

Aceasta este o zonă periculoasă pentru vindecător: fără conștientizarea că clientul tău nu a fost congruent cu ceea ce a cerut, te judeci pe tine când, de fapt, adevărul este că nu ai fost capabil să tratezi adevărata lui problemă sau să răspunzi la adevărata lui solicitare deoarece el însuși nu a recunoscut-o pentru sine.

Ideea este că mulți oameni nu sunt conectați cu ceea ce doresc pentru că au trăit o viață construindu-și dorințele în jurul dorințelor altor oameni și *preluând* realitățile altora ca fiind ale lor. Acest lucru poate cu adevărat să creeze confuzie atunci când lucrezi cu cineva care, în esență, nu este conștient de faptul că trăiește în spatele unei măști, neconectat la nevoile lui și ale corpului lui. Este orbit de ceea ce crede că vrea iar acest lucru stă în calea unei realități cu mult mai grozave pe care ar putea-o avea.

Intri în scenă... tu!

Înțelege că Universul intervine mereu la momentul oportun. La fel și conștiința.

Persoana respectivă se află la tine, pe patul de masaj, într-o anumită zi și la o anumită oră, plătește suma pe care o ceri și alege să te vadă pe tine și pe nimeni altcineva. Există un loc în care o poți conduce, ceva ce îi poți oferi, ce nimeni altcineva nu poate. Iar acea călătorie începe în momentul în care o faci să fie congruentă cu ceea ce cere de la tine.

Ține cont de faptul că e foarte posibil ca tu să fii prima persoană care face acest lucru cu clientul tău și, dacă nu ai face nimic altceva decât să-l aduci în stadiul în care îi este clar ce cere, acest lucru în sine ar fi un mare dar – deoarece odată ce înțelege asta, sau percepe asta, sau știe asta –, poate începe să-și schimbe situația curentă și să creeze altceva. Și din acest motiv a venit la tine – pentru că tu ai capacitatea de a-l *vedea*.

În prezent, una dintre principalele cauze ale suferinței este faptul că mulți oameni nu sunt văzuți cu adevărat. A fi dispus să explorezi lumea cuiva înseamnă *a intra în lumea acelei persoane*, a fi cu ea, a fi suficient de prezent pentru a spune: „Hei, știi ceva? Eu *știu* că tu știi că altceva este posibil. Eu știu că *știu* că altceva este posibil. Hai să facem ce putem pentru a crea asta împreună."

Cum resimți asta? Este oare posibil ca o lipsă a congruenței clientului să fi stat în calea a ceea ce poți face și crea cu adevărat pentru cineva? Și dacă e așa, ai interpretat-o vreodată ca fiind un eșec din partea ta?

> *Tot ce ai făcut pentru a te învinovăți pe baza acelui argument fals, pentru că, de fapt, nu ai reușit să-l faci pe client să fie congruent cu ce anume își dorește cu adevărat, înainte ca tu să-i oferi acel lucru, vrei să distrugi și să decreezi, te rog?* **Right and wrong, good and bad, POD and POC, all 9, shorts, boys, POVADs and beyonds.**

Sunt foarte bucuros să împărtășesc această conștientizare cu tine pentru că, sincer vorbind, înainte să înțeleg importanța congruenței, mă frământam și eu de unul singur întrebându-mă de ce unii clienți nu trăiau nivelul de schimbare pe care doream, cu atâta ardoare, să îl fac accesibil pentru ei.

Îmi spuneam: *„Bun, persoana aceasta mi-a spus că și-ar dori o mai bună relație cu mama iar eu am folosit fiecare instrument din dotare pentru a ajuta în această privință, și știu că aceste instrumente au creat schimbare pentru sute de alți oameni – atunci de ce nu schimbă și pentru ea?"*

Am început să mă uit la: *„Ce trebuie să fac? Ce trebuie să fiu? Și ce trebuie să schimb pentru a oferi acestui client, și tuturor clienților mei, nu numai ce cer ei ci mult mai mult?"*

Atunci am primit conștientizarea că sunt două lucruri de luat în calcul când un client îmi spune ce anume și-ar dori de la timpul petrecut împreună:

Sunt ei dispuși să aibă ceea ce cer?

și

Este acum momentul pentru ei să aibă ceea ce cer?

Am ajuns să-mi dau seama că, ori de câte ori conținutul în cuvinte nu se potrivea cu energia pe care o percepeam atunci când ei rosteau acele cuvinte, răspunsul la ambele întrebări de mai sus urma să fie *Nu*: fie nu sunt dispuși să aibă ceea ce cer, fie nu este momentul pentru ei să aibă ceea ce cred că cer. De asemenea, ce *cred* oamenii că cer, poate să nu fie ceea ce cer cu adevărat.

Cu această nouă conștientizare, observam cum chiar dacă clienta mea dorea să aibă pe viitor o relație mai bună cu mama sa, nu pentru acest lucru mă aflam eu acolo împreună cu ea în acel moment. Atunci erau alte dorințe și nevoi pe care trebuia să le gestionăm mai întâi. Această unică și simplă schimbare în conștientizarea mea a însemnat că am putut să ajut această clientă cu subiectul pentru care se afla aici, ceea ce i-a permis să simtă că ceva s-a schimbat pentru ea, în mod dinamic, chiar dacă nu era lucrul pe care ea SPUSESE că-l dorește.

Cum știi dacă și când un client este congruent cu ceea ce cere?

Îl întrebi! Dar asta este doar jumătate din răspuns. Cheia este în ceea ce percepi. Hai să ne uităm mai îndeaproape la acest aspect.

Întreabă... și percepe

Pentru a afla ce este dispusă o persoană să primească de la tine într-o sesiune, o întrebi – și apoi percepi energia. După care poate va trebui să întrebi din nou și să percepi din nou. Și apoi încă o dată.

În timp ce a întreba este calea de acces la persona din fața ta, a percepe energia care apare ca urmare a întrebării este modul în care știi dacă ce spune persoana respectivă că vrea este cu adevărat ceea ce vrea și dacă este pregătită pentru acel lucru.

Înțeleg că asta ar putea părea puțin intangibil, mai ales dacă ești nou în sfera lucrului cu energia – așa că voi intra în detalii în curând și-ți voi oferi câteva exemple despre cum funcționează asta pentru mine.

Mai întâi, dă-mi voie să exprim cum este atunci când cuvintele unui client se potrivesc cu energia.

Există un declic. O *revelație*. Imaginează-ți două note muzicale care sunt cântate fals, care pur și simplu nu merg împreună, nu se armonizează. O discordanță deplină. Sunetul produs este neplăcut.

Și apoi... imaginează-ți că se cântă două note complementare care creează cu totul altceva. Și au sens, ți se pare că e ceea ce trebuie – *este armonios*.

Aceasta este congruența – și așa este când energia corespunde cererii.

În cazul meu, energia pe care o percep se expansionează. Există o senzație de ușurință și am sentimentul că pot să mă lansez și să încep să lucrez. Este un moment cu adevărat palpitant – este ca și cum Universul a dat startul și a spus: „Gata, Dain, dă-i drumul!"

Frumusețea unei întrebări deschise

Pentru a obține acea armonie, acea congruență, cât mai aproape de momentul de început al sesiunii, recomand să începi prin a le pune clienților tăi o întrebare deschisă – cu alte cuvinte, o întrebare la care să se răspundă cu mai mult decât cu un simplu *da* sau *nu*.

Chiar dacă te-ai întâlnit cu clientul săptămâna trecută și l-ai ajutat să reducă intensitatea durerii de spate, dacă începi cu: „Așadar, lucrăm din nou pe durerea aceea de spate?" ai început cu o întrebare închisă care îi dă posibilitatea să spună *da* sau *nu* și, cel mai probabil, va spune *da*. Ce are nevoie sau dorește de la tine în această sesiune ar putea fi total diferit față de ce a avut nevoie în ultima sesiune.

Întrebări deschise precum: „Pe ce lucrăm astăzi?" sau doar: „Ce mai faci?" oferă clientului o șansă să se deschidă și să împărtășească mai mult cu tine, chiar de la debutul sesiunii. Poate că ce îi iese din gură încă nu este congruent cu motivul pentru care este acolo cu tine – dar, începând cu un dialog, te afli într-o poziție din care poți începe să te îndrepți către motivul pentru care a venit.

Eu folosesc: „Dacă ai putea primi orice de la această sesiune, ce anume ar fi?"

Gary începe pur și simplu cu: „Așadar, cum stă treaba?" care este un mod genial de a face pe cineva să vorbească despre ce se petrece în viața lui, iar acest lucru îl conduce la o conștientizare cu privire la ce anume și-ar putea dori.

Formulează-ți întrebarea în felul care funcționează pentru tine; fă-ți propriile variante și vezi ce obții. Sarcina ta este să întrebi și să percepi – și vei vedea cum lumea lor începe să se deschidă pe măsură ce tu îi ghidezi către ce ar putea fi posibil.

În practică: a întreba și a percepe

Permite-mi să ilustrez cu un exemplu despre cum a întreba și a percepe funcționează pentru mine. Vom apela la exemplul de acum câteva pagini: doamna care spune că și-ar dori o relație mai bună cu mama ei.

La începutul sesiunii, o întreb: „Dacă ai putea primi orice de la această sesiune, ce anume ar fi?" iar ea răspunde: „Îmi doresc o relație mai bună cu mama mea."

În timp ce ea spune asta în cuvinte, eu percep energetic foarte puțin. Percep energia și faptul că nimic nu se expansionează. Nu e nimic ușor și există foarte puțină mișcare.

Acesta este indiciul care îmi spune că nu pentru asta a venit la mine în ziua respectivă. Poate că o relație mai bună cu mama ei ar putea fi ceva ce își dorește dar nu pentru asta a venit azi la mine să lucrăm. Fie, momentan, nu este dispusă să aibă această relație ameliorată, fie nu este momentul pentru ca ea să aibă asta încă.

O întreb: „Ce altceva?" iar ea răspunde: „Ei bine, aș dori să-mi schimb situația cu banii." Și o dată în plus, energia pe care o percep este contractată, spațiul este redus.

O întreb: „Ce altceva?" și de această dată este ca și cum o cheie se rotește în broască și-mi răspunde: „Știi ceva? Ce mi-aș dori cu adevărat este să fiu *liberă*. Vreau să mă eliberez de toate nevoile și de toate limitările și de ideea că a primi aprobarea de la altcineva îmi va face viața să funcționeze. Aș dori să știu că pot face acest lucru eu însămi."

Și dintr-odată, energia se transformă dintr-un grăunte de nisip într-un întreg univers – și buum – știu că am atins ceva ce pot, de fapt, să facilitez. Am dat de aur iar acum este ceva ce doar eu îi pot oferi și acesta este momentul în care începe sesiunea iar eu îmi fac treaba.

Munca mea este energetică, a ta e posibil să nu fie. Dar, dacă începi prin a pune întrebări pentru a-ți aduce clienții în locul în care sunt dispuși să dezvăluie *de ce* se află acolo cu tine, creezi o schimbare imediată în realitatea lor făcându-i să fie deschiși la ce este cu adevărat posibil, înainte chiar de a începe să lucrezi pe ei.

Universul tău interacționează cu al lor și se produce o schimbare care, probabil, te va surprinde și *te* va ului, atât pe tine, cât și pe ei.

Fii conștient de faptul că majoritatea oamenilor vin la tine pentru a crea o schimbare pornind de la cea mai limitată versiune a ceea ce cred că pot avea. Ei nu-și dau seama că trăiesc într-o lume limitată în timp ce ar putea trăi într-o lume infinită – iar tu ești cel care îi ghidează într-acolo. Tu spargi bula din jurul realității limitate pe care ei au *luat-o de bună*.

Consider că acest concept oferă foarte multă inspirație deoarece, a atinge starea de congruență este, cu adevărat, la fel de ușor pe cât este să fii prezent cu clienții tăi, să-i întrebi ce și-ar dori, să percepi acest lucru și apoi să-i întrebi: *Și ce altceva?*

Vei începe să creezi cu mult mai mult pentru oamenii pe care lucrezi iar acest lucru îți va face munca cu atât mai satisfăcătoare.

Din acel loc vast și plin de satisfacții, ai putea întreba: *Ce altceva este posibil în sesiunile mele? Cât de mult mai mult mă pot distra? Cât de multă schimbare pot crea?*

Și cu cât mai ușor și mai facil poate să fie pentru mine și pentru toți cei care vin la mine?

CAPITOLUL 9

A fi în întrebare

A pune o întrebare reprezintă o uşă deschisă către schimbare, într-un mod simplu și frumos. Când punem întrebări putem percepe energia, așa cum am văzut deja în capitolul precedent, și putem crea o deschidere pentru ca mai mult haos să intre în viețile noastre – un haos continuu, minunat, vindecător și transformator.

Acum vom explora cât de eficienți putem fi atunci când *suntem întrebarea*.

Unul din elementele esențiale din conștientizarea ta de vindecător este să rămâi permanent în întrebare. Și nu numai atunci când lucrezi pe cineva, ci în fiecare moment al vieții tale.

Dacă acest concept de *a fi în întrebare* este nou pentru tine, te rog nu încerca să-l înțelegi la nivel cognitiv. Continuă să citești, dă-ți voie să fii purtat de curiozitatea ta, observă ce resimți a fi ușor și apoi vezi ce descoperi.

Uite cum stă treaba: a pune o întrebare sau a fi în întrebare sau, pur și simplu, *a fi întrebarea în sine* este una din cele mai rapide căi pe care putem merge către schimbare, pentru noi înșine și pentru oamenii cu care lucrăm.

O întrebare ne permite să ajungem cât am clipi la miezul fiecărei situații. Întrebările dărâmă zidurile și dau voie luminii și spațiului să intre, haosului cu alte cuvinte, și ne permit să vedem ce anume ne menține blocați. Din acel loc, putem să dizolvăm și să de-creăm orice ne limitează *și* mai putem să accesăm posibilitățile pentru schimbare ca să ne facem viața infinit mai frumoasă.

A fi în întrebare este un element-cheie al conștiinței iar conștiința este despre alegere. Ce altceva îți prezintă mai multă alegere decât o întrebare?

Când recunoști că ai alegere este cu adevărat eliberator, fie că îți dai seama de asta pentru prima dată, sau pentru a mia oară. A avea alegere înseamnă că nu te afli la mila nimănui sau a nimic altceva. Tu ești cel care îți controlezi viața și existența – și este minunat să te afli în această stare de spirit.

Întrebările îți dau putere, în timp ce răspunsurile ți-o iau. Răspunsurile sunt concluzii, precum punctul de la final de propoziție sau precum o ușă închisă. Problema este că răspunsurile sunt căutate de lumea întreagă. Și partea delicată este că, în mod obișnuit, asta așteaptă clienții noștri de la noi.

Și încă și mai delicat este că a da răspunsuri este adesea instinctul unui vindecător. Vrem să ajutăm și, în eforturile noastre de a ajuta, e posibil să avem tendința de a evalua o situație și de a lua decizii în mare grabă. De exemplu, poate că de la începutul sesiunii percepem cum clientul nostru are o problemă cu furia, așa că o luăm pe calea de a rezolva asta, folosind tehnicile pe care le preferăm și cu care lucrăm.

Acum: evaluarea noastră ar putea fi validă. Dar dacă nu este? Dacă am făcut o presupunere și, oricât ar fi ea de pertinentă și de ancorată în pregătirea și experiența noastră, dacă de fapt se întâmplă altceva cu persoana aceea, lucru la care nu avem acces pentru că nu suntem prezenți cu persoana din spațiul pe care îl oferă întrebările?

Și chiar dacă percepția noastră *este* corectă în ce privește furia latentă, poate că acum nu este momentul sau sesiunea în care să o abordăm. Fie că am descoperit sau nu adevărul, ori de câte ori sărim într-o situație și începem să vindecăm fără ca mai întâi *să fim întrebarea*, obținem același rezultat: frustrare și un progres lent pentru clientul nostru și pentru noi. În cel mai bun caz, tehnica noastră ar putea aduce o ușurare temporară, la fel cum un șurub introdus cu un ciocan într-o bucată de lemn ar putea să-și facă treaba un timp scurt, chiar dacă acel șurub are nevoie de o șurubelniță, și nu de un ciocan.

De remarcat aici este faptul că a oferi răspunsuri clienților noștri ne duce înapoi în zona de empatie, compătimire și devotament despre care am discutat în capitolul 6. Obiectivul nostru, *darul* nostru este despre a oferi alegere, iar răspunsurile nu oferă alegere.

Gândește-te la asta din următoarea perspectivă: mare parte din problemele clienților noștri sunt rezultatele judecăților și concluziilor pe care și le-au însușit. Energia lor este blocată și solidificată, și adesea suferă intens. Care este cea mai bună cale de a-i vindeca? Aducând mai multă solidificare în corpurile și în lumea lor prin intermediul judecății și a concluziei? Sau aducând spațiu, posibilitate și deschidere în corpurile și în lumea lor prin intermediul întrebărilor, a posibilității și a alegerii?

Dacă există o capcană în care au căzut mulți vindecători aceasta este clipa în care au oferit clienților *interpretarea lor* cu privire la ce se petrece cu ei, în loc să le pună întrebări pentru ca ei să ajungă la *propriile conștientizări* cu privire la situațiile din viața lor.

Atunci când dai răspunsuri, și mai ales dacă acele răspunsuri îi fac clientului viața mai măreață, tu devii sursa acelei măreții. Clientul te va considera a fi perspicace și perceptiv, și va veni la tine pentru a primi mai multe răspunsuri. Cât de multă putere oferă asta clienților tăi? Nu prea multă. De fapt, niciun pic.

Și dacă răspunsul tău, bazat pe conștientizarea ta, are o deviație de numai 1%? Îți vei împovăra clientul cu o minciună iar acea minciună îl va însoți multă vreme.

Când punem întrebări, le permitem clienților să găsească propriile răspunsuri. Le oferim darul eliberator al conștientizării lor formidabile care, mai presus de orice, va rămâne cu ei pentru tot restul vieții.

A pune întrebări creează mai mult spațiu, mai multă libertate, mai multă bucurie și mai mult haos. Așa creăm o schimbare semnificativă și asta este ceea ce TE evidențiază în rândul vindecătorilor.

PARTEA A TREIA

Întrebări şi haos

Haosul este catalizatorul schimbării şi are legătură cu noţiunile de mişcare, elan şi fluiditate. Şi ce poate fi mai bun pentru a menţine elanul decât a pune întrebări şi *a fi* întrebarea?

Când încetezi a mai furniza răspunsuri, remedii şi soluţii, poţi practica dintr-un spaţiu mult mai deschis. Remarcă diferenţa între: „Bună! Îţi voi face o evaluare pentru a vedea ce e în neregulă cu tine şi apoi îţi voi spune motivul pentru care cred eu că se întâmplă asta şi îţi voi recomanda un remediu."

Versus:

„Bună! Mă aflu aici pentru a fi întrebarea care îţi permite să deblochezi ceea ce se întâmplă realmente în cazul tău. Probabil că nu va fi ceea ce te aştepţi, şi ar putea fi precum nimic altceva din ce au identificat alţii înaintea mea, dar eu îţi pot oferi instrumentele pentru a deschide acea uşă şi a crea o fenomenală vindecare şi schimbare."

Care abordare permite mai mult şi creează mai mult?

În ce fel – şi de ce – funcţionează a fi în întrebare

Când suntem în întrebare suntem capabili să percepem energiile solide ale judecăţii şi concluziei, precum şi toate gândurile, sentimentele şi emoţiile care sunt blocate în lumea clienţilor noştri. Este felul în care noi ne racordăm la ceea ce creează problemele din corpul lor şi, în general, în starea lor de bine.

Putem percepe acele energii solide doar atunci când nu avem o soliditate în lumea *noastră*, și facem acest lucru fiind în întrebare. Asta se întâmplă atunci când ne aflăm într-un loc în care nu avem nimic de dovedit, nicio nevoie de a avea dreptate și nicio senzație că greșim. Se întâmplă atunci când am renunțat la orice nevoie de a da răspunsuri, sau de a furniza remedii, sau de a demonstra clienților noștri și lumii întregi că suntem oameni buni pentru că, undeva în sinea noastră, credem că suntem oameni răi...

... Oare am deraiat în această conversație sau a rezonat în lumea ta? Acesta este un subiect comun și delicat pentru vindecători: nevoia de a dovedi că sunt suficient de buni. Dacă citind paragraful de mai sus am atins o coardă sensibilă, te rog rulează asta:

> *Tot ce a adus asta la suprafață și oriunde simți nevoia de a-ți dovedi ție și lumii întregi că nu greșești, vrei să distrugi și să decreezi, te rog?* **Right and wrong, good and bad, POD and POC, all 9, shorts, boys, POVADs and beyonds.**

Și te rog, te rog să recunoști că EȘTI SUFICIENT DE BUN și că valoarea ta nu are legătură cu câți oameni ajuți sau vindeci sau pentru câți scrii rețete.

În practică: urmărește raza de lumină

Atunci când ești în întrebare, tu percepi energia extrem de rapid și precis. Simțurile tale sunt ascuțite. Ești vigilent, într-un fel relaxat și calm și, din acest loc, abilitatea ta de a percepe ce se întâmplă cu adevărat cu clientul tău este amplificată la un nivel fenomenal.

Iată cum ar putea funcționa. De obicei, clientul tău va spune ceva iar tu vei observa cum acel lucru degajă o oarecare încărcătură energetică, precum un mic puls sau un *clinchet* sau un bip de energie – oricare ar fi forma sub care apare pentru tine. Poate părea ca sunetul unui clopoțel care spune: „Salut! Asta e ceva important!" sau ar putea fi ceva vizual precum o licărire de lumină care îți captează atenția.

Ai putea percepe această licărire în timp ce clientul tău se află în plină relatare a poveștii sale iar tu, dintr-odată, ai senzația că: *ASTA E! Asta e ce trebuie să știu pentru moment.* Clientul continuă să vorbească dar tu ai auzit, sau ai perceput, ceva dincolo de cuvinte. Ține minte – energia este limbajul tău primordial și este tot ce ai nevoie.

Ceea ce percepi este locul în care persoana se blochează energetic. A fi atent la sunetul ca un clinchet sau la licăririle de lumină (sau altceva ce poți identifica) este felul în care începi să primești conștientizarea cu privire la ce anume solidifică corpul cuiva, sub efectul punctelor de vedere pe care le-a emis sau pe care și le-a însușit ca fiind ale sale. Dacă poți să abordezi și să schimbi acele solidificări, îi poți readuce corpul în starea de haos în care se află în mod natural și în care persoana poate fi sănătoasă și fericită.

În capitolele următoare vom dezvolta mai mult această temă de a fi în întrebare și îți voi oferi câteva instrumente care să te ducă în acel loc, precum și instrumente pentru a depăși orice pare că te blochează și te face incapabil de a crea schimbarea pe care ştii că o poţi crea. Acum vreau doar să împărtăşesc un alt motiv pentru care am acest punct de vedere că a fi în întrebare este un fel de a fi cu adevărat extraordinar...

Este mult mai plăcut pentru tine!

Când funcţionezi dintr-un loc în care singurul tău obiectiv este de a furniza răspunsuri, vindeci efectiv din aplicarea de reguli: pasul 1, apoi pasul 2, apoi pasul 3, apoi pasul 4, apoi... caşti de-ţi trosnesc maxilarele! După o vreme, te simţi precum un robot şi te plictiseşti de cabinetul tău şi de clienţii pe care îi ai. În mare parte, această plictiseală şi frustrare rezultă din faptul că nu creezi schimbarea pe care ai venit aici să o creezi.

Când eşti o întrebare, fiecare clipă a fiecărei zile îţi permite să explorezi noi posibilităţi cu clienţii tăi – iar asta este mult mai plăcut, mai dinamic şi mai satisfăcător. ŞI MULT MAI MULT DIN CINE EŞTI *TU*!

Creaţie spontană

Ştiai că această carte s-a născut, de fapt, dintr-o serie de videoclipuri? Când m-am apucat să fac primul videoclip, am ştiut că am în jur de 8.000 de instrumente pe care doream să le împărtăşesc – dar cine şi-ar dori să se uite la 8.000 de videoclipuri?

Am făcut exact lucrul despre care vorbesc acum: am funcţionat *ca* şi *din* întrebare pe măsură ce am realizat acea serie. M-am racordat la energia tuturor celor care ar fi vizionat-o și – chiar dacă știam că existau niște instrumente și idei fundamentale pe care doream să le împărtășesc –, am lăsat ca totul să se desfășoare în mod organic, bazându-mă doar într-o oarecare măsură pe ce aveam în instrumentarul meu și pe ce știam.

În felul acesta, seria video a fost creată din mers și a creat cu mult mai mult decât dacă aș fi făcut un plan detaliat a tot ce urma să spun pentru ca să mă asigur că publicul meu va primi toate răspunsurile pe care le caută.

Cum ar fi dacă ai face același lucru în timpul sesiunilor tale?

Și dacă fiecare informație pe care ți-o dau clienții tăi ar funcționa precum o nouă conștientizare cu privire la direcția în care să mergi?

A fi în întrebare este ceea ce fac în fiecare aspect al vieții mele. Orice instrument pe care l-am creat vreodată, orice schimbare pe care am inițiat-o, orice curs pe care l-am susținut, serie pe care am realizat-o, carte pe care am scris-o – a apărut atunci când am fost în întrebare.

A pune întrebări este esențial pentru a crea schimbare deoarece schimbarea nu se realizează dintr-un loc al rigidității.

Dacă resimți ca ușoară și exuberantă această idee a creației spontane, poate ai vrea să te întrebi: *Cum pot fi întrebare din ce în ce mai mult în viața mea?*

Resimte ușurința, fluiditatea și posibilitatea pe care fiecare clipă le poate aduce și care poate fi.

Unde te poate conduce faptul de *a fi întrebarea*? Şi dacă a fi întrebarea îţi permite să accesezi experienţe de neconceput, inimaginabile, de nedescris şi lucruri pe care nici nu ţi le poţi închipui acum?

Nu-i aşa că este electrizant?

CAPITOLUL 10

TOTUL LA UN LOC
A practica din starea de prezență

Înainte să mergem mai departe, să stăm puțin să ne uităm la câteva dintre conștientizările și alegerile care poate s-au deschis pentru tine până în prezent. Te rog să reții că aceasta nu este o listă comparativ cu care să te judeci – este mai degrabă o listă cu posibilități.

Până acum...

... poate că stabilești o comuniune cu corpul TĂU, învățând să întrebi ce are nevoie și înțelegând că are aptitudini unice, fiind un receptor paranormal.

... poate că ai înțeles ce este judecata, ai descoperit cât de distructivă este și ai început să alegi ceva cu mult mai măreț: să fii cu propriul corp și cu alții într-o stare de permisivitate.

... poate că înțelegi din ce în ce mai mult faptul că darul tău, ca vindecător, este de a introduce alegerea în viața oamenilor – iar recentele tale conștientizări cu privire la haos și la a fi în întrebare te ghidează în a face acest lucru.

În capitolul care urmează vom elabora pe baza unora dintre aspectele de mai sus, examinând puțin mai în detaliu cum să fii în prezența clienților și cum să introduci mai mult haos în sesiunile tale. De asemenea, vom explora cum să exploatezi în continuare aptitudinile naturale (și atât de folositoare) ale corpului tău ca receptor paranormal.

A fi cu clienții tăi

Ce părere ai despre ideea de a pătrunde într-un spațiu de *a fi*? Dacă ai lucrat în felul acesta o bună perioadă de timp, e posibil să fii total confortabil cu ideea, altminteri poate că sună puțin vag sau inaccesibil. De asemenea, e posibil ca asta să te irite și să te facă să reacționezi, dacă te vezi ca o persoană care rezolvă probleme sau ca cineva căruia îi place să *facă*.

Te rog să știi că a crea un spațiu de *a fi* împreună cu clienții tăi este în foarte mare măsură un fel de a iniția schimbare. De fapt, este una dintre cele mai eficiente metode pe care o cunosc.

A fi cu un client reprezintă, într-o oarecare măsură, fundamentul practicii tale în a dialoga subtil cu corpurile. De fapt, cuvântul *subtil* îți oferă o idee despre blândețea și naturalețea darului tău și despre starea de pace din care poți activa. Cu toate că este adevărat că sesiunile tale și munca ta pot deveni puternice și intense, abilitatea ta de a te debarasa de judecată și de a fi, pur și simplu, cu oamenii pe care lucrezi este cea care îți permite să-ți faci treaba și să creezi o schimbare incredibilă.

Probabil că cel mai simplu mod în care îți pot spune despre cum *sunt* eu cu un client este de a-ți spune, pur și simplu, pe cât de mult pot face acest lucru, acum, în cuvinte așternute pe hârtie – iar tu vei vedea dacă asta deschide ceva în tine.

În capitolul 6, am introdus pentru prima dată această noțiune de *a fi* cu clientul tău, ca un antidot la a prescrie, a rezolva și a vindeca. Iată cum am exprimat-o acolo:

Darul tău constă în a fi alături de clienții tăi fără să-i judeci, într-un spațiu în care îți pasă pe deplin și din care observi genialitatea și frumusețea lor. Fii cu ei spațiul lui a fi, *spațiu care este în întregime vulnerabil. Fii dispus să parcurgi toate încercările și suferințele prin care au trecut sau trec ei.*

Fii o sursă pentru o posibilitate mai grandioasă și sprijină-i și ai grijă de ei astfel încât să poată recunoaște că au puterea de a alege.

Acum, aș vrea să merg puțin mai departe.

În practică: cum... SUNT cu o persoană

În primul rând, îmi cobor toate zidurile și barierele. Las garda jos. Astfel, ajung în acel spațiu în care *sunt*, spațiu care este pe deplin vulnerabil.

Dizolv toată împotrivirea și reacția, precum și orice aliniere și acord. Mă aflu într-o stare de permisivitate și sunt foarte, foarte departe de judecată.

Și pur și simplu... *sunt* cu clientul meu, în acel spațiu limpede, pur și pătrunzător.

Energetic, îl iau de mână și îi spun: „Fratele meu, sora mea, mă aflu aici pentru tine și sunt aici cu tine. Orice-ar fi, sunt alături de tine."

Și pur și simplu *sunt* cu ei,

și sunt cu ei,

și *sunt* cu ei.

Percep ce se petrece în lumea lor, știind că orice percep nu este al meu. Percep, nu simt. Nu iau asupra mea. Astfel, indiferent cât sunt de aproape de ei, ai putea spune că există și o distanță foarte mică. Iar distanța este cea care-ți permite să percepi dintr-un spațiu mai neutru, spațiu unde se află puterea ta. Tu funcționezi precum un martor imparțial, un observator imparțial, iar puterea ta provine din faptul că alegi să nu te implici în situația cu care se confruntă clientul tău.

Acest lucru îți dă puterea să fii ceea ce percepi. Te afli acolo, ești racordat la situația persoanei respective și știi și înțelegi ce se întâmplă în lumea ei – dar nu o iei asupra ta ca fiind a ta, și nici nu ești într-o poziție de superioritate ca vindecător.

Energetic, îți iei clientul de mână și, împreună, mergeți înainte. Gândește-te la un moment în care ai fi dorit acest nivel de companie, umăr la umăr. Eu știu că au existat momente în trecutul meu când, grija și prezența cuiva care s-ar fi putut afla acolo pentru mine fără judecată, ar fi fost absolut transformatoare. A fi cu clientul tău în această manieră transmite mesajul că tu ești pregătit să treci alături de ei prin orice: durere, frică, îndoială, demoni. Știi că împreună puteți depăși asta.

Singur – poate că nu. Împreună – este posibil.

Și *ești* cu clientul tău,

și ești cu el,

și *ești* cu el.

Nu te clintești. Știi că nu greșești și mai știi că orice percepi nu este al tău. Ești alături de clientul tău și chiar dacă te îndoiești că-l poți ajuta, alegi să încerci.

Dintr-odată, acel lucru care l-a tulburat – lucrul care părea atât de îngrozitor și de violent, lucrul despre care el credea că îi va aduce sfârșitul – se disipează.

Împreună ați pășit prin lumea plină de demonii a ceea ce nu putea face și nu putea fi. Împreună, fiind prezent – neconsiderând că demonii și durerea lor sunt demonii și durerea ta și văzând persoana respectivă ca fiind darul care este – ai început să dizolvi toate acestea.

Dacă alegi să faci asta *și să fii asta* pentru oamenii pe care lucrezi, poți iniția o transformare fenomenală în lumea lor. Nu se vor mai face niciodată mici în fața acelor temeri, dureri și îndoieli.

Și apoi, odată ajunși la destinație, vorbește cu clientul; vorbește despre o schimbare în corpul lui, o schimbare în psihicul lui, o schimbare în nivelul lor de pace, bucurie și posibilități.

Vorbești despre o schimbare în ceea ce acum știe că e capabil să realizeze în lume.

L-ai ghidat în demersul lui de a-și înfrunta cea mai mare frică iar faptul că ai fost în permisivitate *în ceea ce-l privește* este ceea ce l-a animat. Iar acum știe că cea mai mare frică a lui nu poate niciodată să-l distrugă, să-l ucidă sau să-l limiteze în niciun fel.

Tocmai i-ai dat puterea să aibă o realitate diferită.

Nu-i așa că este incredibil? Nu pentru asta te afli aici?

Haosul la cabinet

Haos - mișcare continuă și infinită a energiei. Conștiință pură în mișcare.

Ordine - soliditatea energiei. Soliditatea oricărui punct de vedere care pare de neschimbat și care rezultă în durere, rigiditate și boală.

Din fericire, acum conștientizăm că haosul are capacitatea de a schimba punctele de vedere ordonate, fixe și blocate și de a ne elibera – pe noi și clienții noștri – de durere și limitare.

Știi că ești într-atât de genial, nu-i așa?

> *Tot ce nu-ți permite să știi că ai această conștientizare, că ai această conștiință, că ai această posibilitate și că ai acest nivel de genialitate care îți permit să nu trebuiască să* cumperi *punctul de vedere fix al cuiva*

> *cu privire la ce se întâmplă deoarece, ține minte, un punct de vedere fix este un punct de vedere ordonat, tot ce nu-ți permite să ai conștientizarea că nu trebuie să crezi punctul lor de vedere fix și că, de fapt, poți apela la un punct de vedere care ține de haos care este: cum pot schimba asta cu cea mai mare ușurință, vrei să distrugi și să decreezi, te rog?* **Right and wrong, good and bad, POD and POC, all 9, shorts, boys, POVADs and beyonds.**

Cum introducem haos în acele sisteme ordonate?

Punem întrebări.

Când pui o întrebare, introduci o serie de posibilități diferite într-o realitate ordonată.

Chiar și prin simplul fapt de a-ți începe sesiunile cu o întrebare deschisă pentru a căuta congruența, tu introduci pe loc puțin haos.

Întotdeauna o întrebare dă putere și creează posibilități diferite. În timp ce un răspuns subminează puterea și creează mai puține posibilități. Răspunsurile sunt cele care au creat problema în primă instanță, desigur. Într-un răspuns rezidă o stare de *concluzia la care s-a ajuns: nu se merge mai departe.* Știu că înțelegi că viața și conștiința înseamnă mult mai mult decât atât.

Când lucrezi pe un client, ți-ai putea pune următoarea întrebare:

Ce haos putem corpul meu și cu mine să fim pentru a schimba acest lucru în corpul și în realitatea lor?

Și încă o întrebare care este una dintre favoritele mele: *Care sunt posibilitățile infinite pentru această sesiune?*

A pune întrebări îți deschide porți care nu păreau să existe înainte iar acest lucru invită acel haos în lumile oamenilor – alături de vindecare, transformare, bucurie și posibilități care trec cu mult dincolo de ordinea disfuncțională din care funcționează oamenii.

Atât de multe persoane încearcă să-și ordoneze alegerile pentru a obține o realitate. Aproape toate aspectele cu care vei lucra ca facilitator energetic vor proveni din încercarea oamenilor de a-și ordona alegerile pentru a ajunge la o realitate.

Oamenii nu-și amintesc să fi făcut asta, habar nu au cum să schimbe acest lucru și nu cred că este posibil altceva.

Tu le arăți calea. Fiind împreună cu ei, tu le arăți spațiul de *a fi*, fără nicio judecată, permițându-le să acceseze toate posibilitățile haosului.

Alături de ei, tu *ești* într-un fel în care ei încep să primească o conștientizare a ceea ce au ales. Conștientizează că au ales acele lucruri pentru un anumit rezultat. Tu *ești* cu ei într-un fel care le permite să conștientizeze că e posibil ca o alegere diferită să fie disponibilă pentru ei.

Într-un fel, *fiind* cu ei, tu le comunici: *Nu mai trebuie să duci cu tine povara ordinii*. Și, odată ce ei recunosc acest lucru, întrebi: *Care ar fi o posibilitate haotică ce ar aduce ceva diferit în lumea ta?*

În haos, un element de schimbare introdus într-un sistem ordonat poate crea un miliard de elemente pentru posibilitate.

Haosul este o mișcare continuă către posibilități mai vaste. Lumea are nevoie acum de oameni care știu că există o posibilitate dincolo de soliditate, către mișcare perpetuă.

Oameni ca tine, dragă cititorule, dragă vindecătorule.

Corpul tău funcționează din haos – un exemplu extras din medicina occidentală

Cu ceva timp în urmă, una dintre prietenele mele avea niște probleme de sănătate care au făcut-o să trebuiască să ia în calcul dacă să-și scoată sau nu uterul. Ea cunoaște Access Consciousness și folosise deja unele dintre instrumentele pe care le împărtășesc aici cu tine, pentru a o susține în procesul ei de vindecare.

Crezi că nu ar fi trebuit să aibă nevoie de operație deoarece are acces la toate aceste instrumente transformatoare? Sau că aș fi putut să-i vindec boala lucrând pe ea?

Ei bine, am lucrat pe ea, și am făcut ceva haotic. Am întrebat care este punctul de vedere al corpului ei despre intervenția chirurgicală. Am spus: *Corpule, ai nevoie de operație? Te va ajuta asta sau îți va face rău?*

Am primit un răspuns clar: *Vreau intervenția chirurgicală, am nevoie de intervenția chirurgicală, asta este ce am nevoie în acest moment ca să mă susțină în ceea ce nu pot face singur.*

Când i-am transmis acest lucru prietenei mele, mi-a spus că și ea și-a întrebat corpul și a primit aceeași conștientizare. Cu toate acestea, ezita puțin, ceea ce era de înțeles, și se întreba dacă ar trebui să fim capabili să schimbăm starea doar cu conștiință și cu instrumentele Access.

I-am răspuns că da, poate ar trebui sau poate nu ar trebui, dar că nu aceasta era întrebarea în acel moment. I-am spus: „În acest moment, având în vedere condițiile din viața ta din aceste zece secunde, corpul tău pare că-și dorește să facă operația."

O dată în plus, și ea a avut aceeași conștientizare așa că a decis să facă operația. După aceea, abdomenul ei a rămas cu un fel de adâncitură iar ea a întrebat doctorul dacă se poate face ceva pentru asta.

Replica doctorului ei a fost minunată: „Lasă-ți corpul să aibă grijă de asta. Corpul tău funcționează din haos și se va reorganiza exact așa cum are nevoie. Corpul tău știe ce face. Noi doar l-am ajutat."

Acesta este un medic extraordinar.

Conversații cu pacienți în stadiu terminal

Aș vrea să vorbesc puțin despre cancer deoarece, atunci când te afli în linia întâi a lucrului cu boala, acesta este un subiect care apare adesea și poate să fie foarte intens – mai ales dacă persoana pe care lucrezi a primit un diagnostic de fază terminală.

Aceste cazuri pot părea dificil de gestionat întrucât ele fac apel la acea latură din tine care dorește să îngrijească și la dorința ta de a ajuta acele corpuri care suferă. Diagnosticele de fază terminală sunt un subiect delicat pentru vindecători, motiv pentru care vreau să am această conversație.

Mai întâi, trebuie să-ți spun: te rog nu promite unui client că-l poți vindeca de boala pe care o are sau de orice altă boală. Dacă vrei să-ți exprimi sprijinul prin cuvinte, poți spune că e posibil să fii capabil să creezi o schimbare care să permită apariția unor alegeri diferite pe care le-ar putea face.

De fapt, cancerul este ordine – cu toate că medicii îți vor spune că este haos. Cancerul este rezultatul unui punct de vedere extrem de ordonat care se multiplică în realitatea fizică și fiziologică a pacientului.

Aș dori să-ți împărtășesc întrebarea pe care o pun oricărui client care are un diagnostic de fază terminală. Poate dorești să o folosești dacă simți că ar putea funcționa pentru tine.

Iat-o:

Din (de) ce anume vrei să scapi prin moarte?

Această întrebare va suscita mereu o reacție puternică. Este foarte puțin probabil ca cineva să fi pus vreodată această întrebare clientului tău și este cu adevărat foarte puțin probabil ca gândurile lui să se fi îndreptat în direcția aceea vreodată – cel puțin nu într-un fel de care să fie conștient. Punând o întrebare precum *Din (de) ce anume vrei să scapi prin moarte?* obții aproape de fiecare dată un răspuns de genul „Vreau să trăiesc".

Când se întâmplă acest lucru, eu accept răspunsul clientului și adaug: <u>*Tot ce nu permite acest lucru, vrei să distrugi și să decreezi, te rog?* **Right and wrong, good and bad, POD and POC, all 9, shorts, boys, POVADs and beyonds.**</u>

Cu alte cuvinte îi fac POD și POC.

Iar apoi întreb din nou: *Din (de) ce anume vrei să scapi prin moarte?* la care clientul îmi răspunde încă o dată că dorește să trăiască. Iar eu fac POD și POC la acest lucru.

Și întreb din nou: *Din (de) ce anume vrei să scapi prin moarte?* iar de această dată e posibil să-mi spună ceva ușor diferit iar eu fac POD și POC acelui lucru.

Și poate că cinci, zece, cincisprezece, douăzeci și cinci de straturi mai târziu se întâmplă ceva: apare o schimbare. Ar putea să sune precum: „O, Dumnezeule! Mor ca să ies din relația mea." Asta este excelent pentru mine și pentru client pentru că cel puțin avem adevărul iar conștientizarea a ieșit la lumină. Adesea, clientul nu dorește să scoată la iveală sau să recunoască acest fel de conștientizare – este prea dificil și prea dureros de confruntat. Adică, trebuie să fie așa căci a creat o boală în stadiu terminal pentru a evita acest lucru.

Dar uite cum stă treaba: acea conștientizare în sine a faptului că el creează boala pentru a ieși din ceva în legătură cu care nu crede că are alegere, *aceasta reprezintă introducerea haosului într-un sistem ordonat.*

Acea conștientizare în sine îi permite să iasă în cele din urmă din starea de ordine, pentru că ordinea îi spune că aceea este singura alegere pe care o are. Nu am întâlnit niciodată o problemă la nivel fizic care să nu aibă atașat un punct de vedere; nu am întâlnit niciodată o problemă la nivel fizic care să fie doar o problemă la nivel fizic.

Conștientizarea pe care a avut-o clientul tău ca rezultat al faptului că tu ai introdus un element de haos (printr-o întrebare) poate să sune precum: „M-am simțit atât de blocat încât îmi doream să mor ca să ies din relație când, de fapt, aș putea doar să... ies din relația mea." Asta înseamnă haos în sistem. Apoi, poate, poate, poate – dacă este dispus – ceva se poate schimba în cele din urmă iar procesul bolii sau afecțiunii s-ar putea schimba.

Încă o dată, trebuie să subliniez: orice schimbare care apare se bazează pe alegerea clientului. Eu nu pretind niciodată că vindec pe cineva. Pretind doar că ofer oamenilor conștientizarea că ei pot face alegeri diferite pentru corpurile și viitorul lor.

Corpul ca receptor paranormal – explorarea continuă

În capitolul 4 „Corpul ca receptor paranormal", ne-am uitat la conceptul potrivit căruia corpul tău are capacitatea de a capta atât durerea altor persoane, cât și gândurile lor și, cum recunoscând acest lucru, și fiind pe aceeași lungime de undă cu asta, nu numai că îți face viața cu mult mai ușoară, dar te și plasează în fruntea eșalonului de vindecători.

Am examinat felul în care putem folosi această conștientizare pe noi înșine cu instrumentul *Cui aparține asta?*, iar acum îmi doresc foarte mult să împărtășesc cu tine cum putem folosi acest instrument pentru a amplifica modul în care lucrăm ca vindecători.

De ce este atât de relevant pentru tine ca vindecător instrumentul *Cui aparține asta?*

Recunoașterea faptului că durerea și suferința altora este preluată de corpul tău schimbă radical datele problemei pentru oricine lucrează pe corpurile oamenilor.

Câți vindecători de pe această planetă au acces la acest gen de conștientizare? Și dintre cei care au acces – câți au instrumentele de a merge mai departe și de a face ceva în legătură cu asta?

Iată câteva aspecte de luat în calcul aici:

- Cui aparține asta? *este o conștientizare pe care o poți împărtăși cu clienții tăi ca să o poată folosi pe ei înșiși, dacă aleg așa ceva.*
- *Este un instrument pe care îl poți folosi pe măsură ce lucrezi pe ei – imediat discutăm detalii despre asta.*

- *De asemenea, este un instrument deosebit de util pentru tine, ca vindecător, să-l folosești pe TINE: îți permite să ții sub control abilitatea de a prelua durerea și suferința altora asupra ta.*

Ce vreau să spun cu acest ultim punct? Ca vindecător, fie că practici, fie că nu – corpul tău încearcă în mod continuu să vindece corpurile din jurul lui – așa că e de la sine înțeles că, de-a lungul timpului, corpul tău a preluat o grămadă de chestii de la alți oameni. Dacă ești expus frecvent la energiile cotidiene de durere și suferință, e posibil să fi preluat parte din ele fără să fi băgat de seamă.

Ca vindecător, ești intens conștient de energiile clienților tăi și le simți în propriul tău corp. Ca să te ajut în această privință, aș dori să-ți împărtășesc o curățare cu adevărat folositoare tuturor celor care lucrează cu corpurile oamenilor, și este o curățare pe care sugerez să o folosești zilnic.

> <u>Câte din problemele clienților tăi ai blocat în corpul tău ca o modalitate de a încerca să le vindeci și să le faci să dispară? Cui aparține asta? Tot ce ai făcut să crezi că erau ale tale, tot ce ai făcut pentru a le bloca în corpul tău ca și cum sunt ale tale și tot ce nu-ți permite să le eliberezi și să recunoști că ei nu le vor lua înapoi, tu le-ai făcut deja să dispară, vrei să distrugi și să decreezi, te rog?</u> **Right and wrong, good and bad, POD and POC, all 9, shorts, boys, POVADs and beyonds.**

Ai putea spune că abilitatea pe care o ai de a prelua durerea *și a o vindeca* este atât un dar, cât și un blestem. Dar devine un blestem doar dacă nu recunoști faptul că se poate întâmpla, sau dacă nu vrei să crezi că se poate întâmpla, sau dacă este prea ciudat pentru tine faptul că acest lucru se poate întâmpla, sau dacă nu ești dispus să folosești acest instrument cu clienții tăi.

Să ne uităm la acest aspect în cele ce urmează.

Folosește *Cui aparține asta?* cu clienții tăi

Există mai multe feluri în care poți folosi această întrebare atunci când lucrezi pe corpul cuiva.

Mai întâi: poți oferi unui client conștientizarea că durerea lui e posibil să nu fie, de fapt, deloc a lui, împărtășindu-i cele două noțiuni pe care ți le-am oferit în capitolul 4:

Între 50% și 100% din ce are loc în corpul tău fizic e posibil să nu fie al tău, iar 98% din ce se petrece în mintea ta nu îți aparține.

Sunt convins că știi că nu toți de pe această planetă sunt pregătiți a primi acest gen de informație așa că folosește-ți discernământul atunci când vine vorba de a decide cine va primi această informație și fii deschis să recunoști acest lucru.

O manieră foarte simplă de a introduce asta într-o sesiune este de a pune întrebarea:

Cui aparține această durere de umăr?

Cui aparține această tristețe?

Apoi vezi cum răspunde clientul tău. E adevărat, e posibil să primești o privire confuză și poți alege să mergi în acea direcție, dacă asta se potrivește cu situația, poate spunând: „Am citit această carte ciudată în care se spunea că între 50% și 100% din ce se întâmplă în corpurile noastre de fapt nu ne aparține. Noi putem să preluăm lucruri de la alte persoane. Ce interesant, nu? Ți-ar plăcea doar să te joci cu posibilitatea acestui aspect și să vezi unde ne duce?"

Dacă ai ales deja să folosești acest instrument pe propriul corp, ai putea împărtăși felul în care a funcționat pentru tine și eventualele schimbări pe care le-ai observat ca rezultat.

Scopul tău principal este doar să le oferi conștientizarea.

Dacă ei acceptă aceste informații, ai putea să constați că, dintr-odată, ei înțeleg de unde le provine durerea. Iar dacă acest lucru se întâmplă, poți să le spui: „Tot ce ai făcut pentru a bloca asta în corpul tău, tot ce ai făcut pentru a prelua asta asupra ta ca și cum este a ta sau ai crezut că este a ta când, de fapt, nu era, vrei să eliberezi asta acum, te rog?"

Când spun „Da", poți rula fraza de curățare cu voce tare sau în șoaptă sau în tăcere – e la alegerea ta. ***Right and wrong, good and bad, POD and POC, all 9, shorts, boys, POVADs and beyonds.***

Eu unul o spun cu voce tare pentru că toți clienții mei știu că așa lucrez eu dar, cum am spus mai înainte, a o spune în șoaptă sau în sinea ta funcționează la fel de bine.

Folosirea întrebării *Cui aparține asta?* în practică

Aș vrea să-ți spun cum am introdus această întrebare unui client, când am descoperit-o prima dată.

Pe vremea aceea eram chiropractician și aveam un pacient cu dureri de spate insuportabile. Îl tratam de câteva luni, fără să fi creat o schimbare de durată.

În fiecare săptămână, omul venea la mine la cabinet cu o durere pe care o considera a avea o intensitate 8 din 10 pe scala durerii. Lucram pe el timp de o oră și durerea se reducea la 2 sau 3, dar mereu revenea săptămâna următoare, iar durerea era din nou de intensitate 8.

Era incredibil de frustrant, până la nivelul la care i-am recomandat să încerce un alt chiropractician întrucât eu pur și simplu nu puteam crea rezultatele de care avea el nevoie. Însă el era ferm convins că trebuie să vină la mine. Chiar dacă nu-i puteam oferi decât o scurtă perioadă fără dureri, asta era singura ușurare pe care o avea, și avea nevoie de ea.

Acest lucru avea loc în perioada în care începusem să merg la cursurile Access unde învățam tehnicile pe care ți le împărtășesc acum. Când am aflat despre întrebarea *Cui aparține asta?* m-am gândit imediat: *Voi încerca asta cu pacientul meu care are o durere de spate insuportabilă.*

Când a venit la următoarea sesiune, a durat aproximativ cinci minute să se relaxeze suficient pentru a putea urca pe pat și a se întinde. De îndată ce s-a așezat cât de confortabil putea să o facă, am spus:

„Bun. Am o întrebare ciudată pentru tine: Cui aparține această durere de spate?"

S-a ridicat de pe pat, m-a privit și a spus: „Soției mele!"

Cu câteva minute mai devreme, acesta era un tip care abia se putea mișca iar acum stătea în capul oaselor și mă privea ca și cum toate piesele de puzzle s-au așezat la locul lor.

A ieșit la iveală faptul că, la începutul acelui an, soția lui s-a rănit la spate foarte rău, având constant dureri foarte mari din acel moment. Apoi a făcut o operație iar asta a agravat lucrurile. Clientul meu a văzut prin ce trecea soția lui și, pentru că îi păsa atât de mult de ea și dorea să aibă grijă de ea, s-a gândit: *Fac orice pentru a face să dispară această durere din viața femeii pe care o iubesc atât de mult.*

Corpul său a fost ascultător și atent și, după două săptămâni, durerea soției lui a început să scadă iar, după alte patru săptămâni, el a început să aibă dureri de spate, care s-au înrăutățit din ce în ce mai mult și niciun medic nu a putut să găsească cauza.

De îndată ce mi-a spus aceste lucruri, i-am spus despre noua conștientizare pe care o avusesem în săptămâna respectivă: corpurile noastre vor încerca să se vindece unele pe altele dacă pot, iar noi avem abilitatea de a lua durerea altor persoane și a o bloca în corpurile noastre ca un mijloc de a le vindeca pe ele. Am adăugat faptul că suntem cu atât mai buni la asta atunci când persoana în cauză este cineva drag.

Această conștientizare a rezonat foarte mult cu el, iar în ora care a urmat am făcut să dispară 98% din durerea lui, și de această dată rezultatele au fost de lungă durată. Încă mai are un tic nervos care, momentan, nu vrea să dispară în întregime dar întreaga lui viață s-a schimbat. Și asta grație folosirii acestui instrument: *Cui aparține asta?*

Informația relevantă aici este aceasta: dacă cineva a crezut ceva ca fiind al său, dacă a preluat durerea sau suferința altcuiva, *nu poate schimba sau vindeca aceste aspecte până când nu recunoaște că nu erau ale lui de la început.*

Asta s-a întâmplat la mine la cabinet în ziua aceea: recunoașterea faptului că durerea nu era a lui a permis schimbarea pe care nu am fost capabil să o inițiez până la momentul respectiv.

Când clienții tăi sunt dispuși să folosească întrebarea *Cui aparține asta?* ei pot curăța orice energie solidă din corpurile lor și, indiferent ce metodă folosești, fie că ești medic, chiropractician, maseur, practician Reiki sau fizioterapeut, această întrebare este calea care îți permite să faci ceea ce faci și să creezi un efect durabil.

Cum te simți în legătură cu asta? Este palpitant, nu-i așa?

Trebuie să mărturisesc că sunt în continuare entuziasmat de acest instrument deoarece joacă un rol fundamental în a crea schimbarea pe care oamenii nu au putut-o crea prin intermediul altor tehnici.

Prietene, doar cu această conștientizare și te afli pe drumul succesului profesional care nu ai crezut vreodată că este posibil. Mai mult decât atât: acest instrument îți permite să aprofundezi și să amplifici comuniunea pe care o stabilești cu corpul tău și îți dă voie să accesezi posibilități dincolo de limitările acestei realități.

Ești gata să mergi mai departe? Continuă să citești.

PARTEA A TREIA

Un nou fel de limbaj corporal

Așa cum am văzut anterior, când nu suntem în legătură cu corpul nostru și nu suntem capabili să recunoaștem limbajul energetic prin care el dorește să comunice, și când suntem supuși judecăților altora și le și credem, corpurile noastre trebuie să ne capteze atenția în singurul mod în care o pot face: prin intermediul durerii, rigidizării și bolii, doar pentru a ne comunica oricare ar fi conștientizarea pe care noi nu o ascultăm.

Aș dori să-ți ofer câteva perspective practice pentru interpretarea metodelor alternative de comunicare ale corpului tău, care reprezintă, dacă vrei, un nou limbaj corporal.

Frumusețea a ceea ce îți voi spune acum este că poți folosi acest lucru pe tine însuți și, de asemenea, îl poți integra în ceea ce faci.

Îți reamintesc că atunci când resimți orice fel de durere în corp, primul lucru este să întrebi *Cui aparține asta?* și, dacă devine mai ușor, nu este a ta și îi poți da drumul. Acum ne vom uita la mai multe întrebări și instrumente pe care le poți utiliza atunci când ai o senzație de apăsare – cu alte cuvinte, atunci când nu îți aparține sau când ai crezut că este a ta.

Dacă observi sau ai senzația unei greutăți sau a unei intensități atunci când întrebi cui aparține durerea, continuă cu:

Ce altă întrebare trebuie să pun pentru a schimba situația aceasta?

Și, de asemenea:

Ce altă întrebare trebuie să pun pentru a obține informația cu care să schimb situația aceasta?

Ca întotdeauna, întreabă și percepe și nu aștepta niciodată răspunsuri pe loc.

Acum să fim mai expliciți în ceea ce privește zonele de pe corp unde apare durere în mod frecvent.

Atenție: acest nou fel de limbaj al corpului poate fi foarte literal! Poate că vei dori să-ți dai o palmă când îți vei da seama cât de clar vorbesc corpurile noastre cu noi.

Dureri de cap

Având în vedere că ești un căutător care trăiește pe o planetă învăluită în judecată și care operează din anticonștiință, e posibil să observi ce durere de cap – literalmente –, este această realitate! Da, o durere de cap la nivel fizic poate fi rezultatul unei dureri de cap metaforice.

Încearcă asta:

Întreabă-te: *cine sau ce este durerea de cap pe care nu o recunosc?* Și apoi adaugă: „Să distrugem și să decreăm asta. Right and wrong, good and bad, POD and POC, all 9, shorts, boys, POVADs and beyonds."

Fă acest lucru de câteva ori deoarece, așa cum tocmai am spus, există o mulțime de situații în această realitate care îți pot produce „dureri de cap" metaforic vorbind. Întreabă din nou:

cine sau ce este durerea de cap pe care nu o recunosc? și apoi spune fraza de curățare în întregime sau doar POD și POC.

Ca întotdeauna, nu căuta răspunsuri imediate – deși este posibil să le primești – caută doar să dizolvi acea energie solidă.

Pune întrebarea și rulează curățarea de multe ori până când observi că durerea de cap începe să se schimbe.

Durere în partea de jos a spatelui

Pregătește-te să descoperi un alt mesaj exact din partea corpului. Dacă ai dureri de spate, îți poți întreba corpul:

Ce ascunzi la spate?

O dată în plus, poate fi atât de evident! În acest caz se impune un proces puțin mai lung deoarece foarte mulți dintre noi dăm la spate lumina noastră și potențialul de măreție de care dispunem.

> *Ce anume ții și ascunzi la spate atât de dinamic încât, dacă nu ai face-o, te-ar face să fii conștient de un nivel de putere, potență, prezență și capacitate pe care nu ești sigur că l-ai putea gestiona?* **Right and wrong, good and bad, POD and POC, all 9, shorts, boys, POVADs and beyonds.**

Acesta este un proces cu adevărat extraordinar pentru a-ți permite să accesezi mai mult din ce te face pe tine să fii atât de uimitor și de unic lucru pe care probabil ți-a fost teamă să-l recunoști cu adevărat. Dacă această idee îți induce cât de cât o stare de ușurință, te rog mai rulează acest proces de câteva ori și realmente dă voie luminii și spațiului să pătrundă în lumea ta.

Durere de genunchi și de picior

Pentru durere de genunchi, poți întreba:

Ce nevoi ai decis că nu poți gestiona sau nu poți suporta?

Pentru durere de picior, întreabă:

Ce anume ai decis că nu poți suporta?

După care poți face POD și POC de cât de multe ori este nevoie pentru a face energia să se schimbe.

Încă o dată: totul este extrem de evident, aproape prea evident sau prea ușor. De fapt, mare parte din ce transmit lumii pare prea ușor – fapt care îi face pe unii să evite asta, ceea ce este ciudat, nu-i așa?

Este și cazul tău?

Dacă da, poate ai putea începe să recunoști că atunci când ceva este adevărat ne apare însoțit de o senzație de ușurință. Un alt element de luat în calcul este că avem tendința de a respinge idei sau concepte care sunt foarte diferite de ceea ce am considerat (sau am decis) anterior că pot fi reale sau adevărate. În acest caz, respingem însăși realitatea posibilităților dincolo-de-această-realitate în care putem să pășim. Dacă este cazul tău, iată o curățare și o perspectivă care te-ar putea ajuta.

Ce energie, spațiu, conștiință și alegere putem corpul meu și cu mine să fim pentru a avea ușurință totală în a percepe, a ști și a primi toată ușurința dincolo-de-această-realitate, care corpul meu și cu mine suntem cu adevărat? **Right and wrong, good and bad, POD and POC, all 9, shorts, boys, POVADs and beyonds.**

Și... ce am decis că sunt limitele acestei realități de care nu pot trece, pe care nu le pot experimenta și nu le pot alege, care mă împiedică să fiu miracolele care corpul meu și cu mine suntem cu adevărat? **Right and wrong, good and bad, POD and POC, all 9, shorts, boys, POVADs and beyonds.**

Orice jenă, durere sau boală pe partea stângă a corpului

Pentru orice afectează partea stângă a corpului întreabă:

Ce anume încerci să faci a fi corect care, de fapt, nu este?

Ceea ce mi se pare cu adevărat extraordinar atunci când descoperi acest nou fel de limbaj corporal este faptul că, atunci când combini unele din aceste concepte, o anumită cantitate de creativitate devine disponibilă.

Să spunem, de exemplu, că pe tine sau pe clientul tău vă doare genunchiul stâng. Poți combina două dintre sugestiile pe care le-am menționat anterior și puteți întreba:

Ce nevoi sau ale cui nevoi încerci să le faci să fie corecte în timp ce nu sunt?

Am folosit-o chiar pe aceasta cu o clientă care a avut un moment de intensă claritate când a conștientizat: „Dumnezeule!" a spus ea, „tatăl meu – are întru totul nevoie de mine iar eu urăsc faptul că el are nevoie de mine și mă simt ca o fiică rea pentru că el are nevoie de mine iar eu nu vreau să-l ajut pentru că este un om extrem de meschin...".

Frumusețea din aceste întrebări este că îți permit să începi să percepi energia poveștilor pe care și le spun clienții tăi, sau energia cu care trăiesc ei, și care le creează manifestarea fizică a durerii.

Ce zici de toate astea? Măcar te rog să știi că, dincolo de ceea ce ai putea tu gândi vreodată, corpul tău este cu mult mai conștient.

Cu cât avansăm în explorarea acestor aspecte, cu atât mai mult ne dăm seama că, de fapt, oamenii știu ce fac atunci când își creează corpurile. Știu ce fac atunci când își creează viața iar simptomele cu care vin ei la noi sunt exact asta: simptome. Ei sunt conștienți că se întâmplă ceva pe care trebuie să-l schimbe pentru a fi pe deplin prezenți ca ei înșiși. Doar atât.

PARTEA A TREIA

Note despre depresie și anxietate

Ai remarcat cum anumite suflete adorabile, supuse depresiei și anxietății, sunt adesea etichetate ca fiind „sensibilii" din această lume? Sunt făcute de rușine din cauza sensibilității lor și făcute să creadă că trebuie să fie mai puternice, mai rezistente și mai puțin emotive. Dar dacă această așa-zisă slăbiciune este, de fapt, o sursă de potență?

Personal, eu cred că slăbiciunea este putere. De fapt, cred că fiecare și toate așa-numitele slăbiciuni ale noastre au capacitatea de a fi o sursă de putere, mai ales atunci când devenim conștienți de ele.

Iată o întrebare transformatoare care îți poate modifica perspectiva asupra oricărei trăsături a personalității tale pe care tu (sau alții) ai considerat-o a fi un punct slab:

Cum ar fi dacă tot ce ai considerat a fi greșit în ceea ce te privește ar fi, de fapt, un punct forte?

Explorează acest lucru câteva clipe și vezi ce iese la suprafață.

De obicei, ceea ce este greșit în ce ne privește are legătură cu faptul că suntem *excesivi* sau *insuficienți*. Foarte mult timp, mai ales când eram copil, am fost considerat a fi *excesiv:* prea gălăgios, prea expresiv, prea vioi, prea exaltat... și lista continuă. Doar când am descoperit Access am fost capabil să recunosc că așa-zisul aspect considerat greșit era, în realitate, un punct forte pe care îl aveam în mine în mod natural. Reformulându-mi percepția în felul acesta, am putut deschide ușa către mult mai multă bucurie, ușurință și către a fi mai mult din cine sunt EU. În cele din urmă am respirat ușurat și am îmbrățișat faptul de a fi excesiv. Și apoi am ocupat spațiul pe care doream să-l ocup în lume, fără rușine sau vinovăție.

Te invit ca, pentru o clipă, să iei în calcul și tu această întrebare. Dă-i voie să scoată în evidență oricare din așa-numitele puncte slabe pe care le-ai considerat a fi adevărate.

Iată întrebarea din nou:

Cum ar fi dacă tot ce ai considerat a fi greșit în ceea ce te privește ar fi, de fapt, un punct forte?

Imaginează-ți o clipă cum ar putea arăta viața ta dacă ar fi să percepi aceste puncte slabe ca niște puncte forte.

Ai acționa, ai gândi, te-ai mișca, ai vorbi și ai FI diferit?

Ar putea această nouă perspectivă să schimbe modul în care funcționezi tu ca vindecător?

Și, ai putea împărtăși această nouă conștientizare cu clienții tăi?

Ajustarea comunicării pe tema sănătății mintale

Această realitate este plină cu acele suflete frumoase și *sensibile* care sunt afectate și limitate de depresie și anxietate. Te-ai putea număra și tu printre ele (este adesea cazul cu vindecătorii) sau nu. Aproape sigur ai pe cineva în viața ta, sau la cabinet, care se află în această situație. Hai să privim mai îndeaproape ce s-ar putea întâmpla cu cineva care trăiește cu starea de depresie sau anxietate, cu scopul de a înțelege mai profund și a lărgi paleta tehnicilor pe care le folosim cu persoanele care vin la noi pentru schimbare.

Chiar dacă noi, ca societate, am făcut progrese considerabile în ceea ce privește felul în care îi vedem și îi tratăm pe cei care au probleme de sănătate mintală, știu că putem progresa și mai mult.

Oamenii sensibili nu au nevoie de un tratament și nu sunt cu mult mai *defecți* decât alții. În schimb, ei sunt cu mult mai CONȘTIENȚI decât alții și sunt în mod special conștienți de cât de *defecți* se simt atât de mulți oameni de pe planetă.

O persoană *normală* (ca și cum ar exista așa ceva) va percepe zgomotoasa energie a judecății, greșelii, disperării și suferinței pe care atât de mulți oameni o trăiesc în această lume, la intensitate 2 a volumului de la aparatul stereofonic care este viața ei. Pentru o persoană *sensibilă,* intensitatea se ridică la 200.

Și, în general, aceste persoane sunt de genul vindecător (da, ca și tine) care simt că indiferent ce fac, nu este niciodată suficient pentru a schimba ce percep că se petrece în interiorul lor sau în lume. Ele resimt toate acestea fără să-și dea seama că *percep* ceea ce se întâmplă în lume, fără să *fie* efectiv ceea ce percep.

Adăugăm la toate acestea faptul că trăim într-o lume în care oamenii nu sunt priviți ca indivizi și nici nu li se pun întrebări prin care să devină conștienți de punctele lor forte care îi fac unici. În schimb, sunt evaluați conform curbelor gaussiene, a standardelor de distribuție medie și mediană și li se spune că greșesc dacă nu se potrivesc în căsuța corectă. Iar aceste persoane puternice, frumoase și *sensibile* nu se potrivesc niciodată în căsuță. Ele sunt de fiecare dată deviația extremă.

Pe lângă toate acestea, trebuie să ne amintim că foarte puțini oameni conștientizează că 98% din gândurile, sentimentele, emoțiile, stresul, anxietatea, judecata, deznădejdea și depresia pe care le experimentează este ceva ce percep în lumea din jurul lor.

Din tot acest tablou este simplu de observat cum această realitate a creat o incongruență dinamică și un sentiment de zădărnicie în lumea oricui se luptă cu depresia sau anxietatea. O incongruență la schimbarea căreia tu ești mai bine dotat să-i contribui, acum mai mult ca oricând.

Cum devine și mai bine de-atât?

Pentru început: două lucruri pe care le poți face azi dacă tu ești deprimat sau anxios

Imediat îți voi prezenta câteva instrumente pe care să le folosești în lucrul cu oamenii care trăiesc depresie și anxietate și care vin la tine la cabinet. Însă, înainte să ajungem acolo, aș dori să-ți sugerez două lucruri, dragă cititorule, în cazul în care tu însuți te lupți cu una dintre aceste afecțiuni. Te rog să știi că nu ești singur și că există persoane și instrumentele de aici care să te ajute. Eu însumi am fost în această situație și îți vorbesc cu responsabilitate, din experiență.

În primul rând, îți recomand să iei în calcul participarea la un curs Access Consciousness Bars (spre finalul acestei cărți găsești detalii despre cursuri din zona în care locuiești). O sesiune Access Bars este o modalitate energetică care are o capacitate fenomenală de a te conduce într-un spațiu în care renunți la toate convingerile, gândurile și concepțiile limitative. Un curs de Bars a fost poarta mea de intrare în Access și îl recomand cu căldură.

În al doilea rând, te îndemn să folosești *Cui aparține asta?* timp de trei zile, pentru toate gândurile, sentimentele și emoțiile pe care le trăiești. Am mai menționat acest lucru înainte dar merită să mai menționez încă o dată deoarece, vorbind serios, pentru mine a funcționat foarte bine. Du-te înapoi la capitolul 4 pentru o recapitulare a modului în care să-l folosești sau recitește paragraful *Corpul ca receptor paranormal – explorarea continuă* din acest capitol pentru o privire mai în detaliu.

Această întrebare, *Cui aparține asta?*, este cu adevărat cheia procesului de schimbare. Este ceva ce te va scoate din marele și înfricoșătorul hău care pare să fie depresia, și este începutul accesării potenței și puterii din interiorul tău pentru a ști că ai capacitatea de a te schimba.

Patru moduri-cheie de a lucra cu un client care este deprimat sau anxios

1. Înainte de toate, fii conștient de maniera în care percepi clientul. Ca vindecător, unul dintre darurile tale este capacitatea pe care o ai de a recunoaște puterea care se află

în spatele problemei pe care o prezintă clientul. În acest caz, este esenţial să recunoşti persoana care există sub ceea ce se manifestă adesea ca depresie.

2. Prezintă-i clientului ideea că *sensibilitatea* lui este un punct forte, nu unul slab.

3. Fă-l pe client conştient de conceptul din spatele lui *Cui aparţine asta?* (şi anume că 98% din gândurile, sentimentele şi aşa mai departe NU sunt ale lui şi sunt ceea ce el percepe). Încurajează-l să folosească instrumentul. Avem o aplicaţie gratuită cu numele *Cui aparţine asta?* pentru telefonul mobil. Caută *Access Consciousness Who Does This Belong To?* (aplicaţia există doar în limba engleză – N.t.)

4. Acest punct ar trebui să fie de fapt primul. Cel mai puternic mod în care poţi iniţia schimbarea în cazul unui client care are depresie sau anxietate este *să fii tu însuţi atunci când îi eşti alături, fără să-l judeci.*

Poţi face asta uşor şi firesc.

Eu ştiu acest lucru.

Este acum momentul să ştii şi TU?

Vezi? Chiar eşti mult mai pregătit decât ai crezut.

Pur şi simplu FIIND TU ÎNSUŢI.

PARTEA A TREIA

De la client obosit, la client nelimitat

În funcție de pregătirea ta și specificul muncii pe care o faci pe corpurile oamenilor, probabil că ai un set de suplimente și procese pentru anumite situații. De exemplu: unii practicieni cred că dacă un client are probleme cu furia atunci are ceva în neregulă la ficat, așa că va lucra pe acest organ pentru a procesa emoțiile asociate, pentru a contribui la eliberarea furiei. În mod similar, anumiți practicieni oferă suplimente pentru glanda suprarenală acelor clienți cu letargie și energie scăzută.

Deși nu e nimic greșit cu niciuna dintre aceste alegeri, cum ar fi dacă pur și simplu ai pune această întrebare:

Corpule, de ce anume ai nevoie pentru a dispune de energia pe care o dorești?

Avantajul în această situație este că poți să întrebi corpul, fără să fie nevoie să întrebi clientul cu vorbe. Pune această întrebare în sinea ta și apoi rulează curățarea:

> *Corpule, de ce anume ai nevoie pentru a dispune de energia pe care o dorești? Tot ce nu permite acest lucru, vrei să distrugi și să decreezi, te rog?* **Right and wrong, good and bad, POD and POC, all 9, shorts, boys, POVADs and beyonds.**

Atunci când ești prezent cu o persoană și cu corpul lor, vei fi conștient de felul în care corpul lor comunică lucruri diferite față de ce comunică persoana însăși – tu trebuie să fii dispus să-i pui întrebări.

De ce este oboseala extrem de prezentă în societatea noastră?

De fapt, este foarte simplu: toate judecățile, deciziile, concluziile și calculele pe care le facem zi de zi, pur și simplu contribuie la blocarea noastră și ne împiedică energia să aibă acea curgere frumoasă și lină pe care și-o dorește ea în mod natural. Rezultatul este: oboseală, letargie și un nivel foarte scăzut de energie.

Încearcă asta: Rulează această curățare cu toți clienții tăi care se blochează din a accesa energia nelimitată:

> _Toate deciziile, judecățile, concluziile și calculele pe care le ai, sau pe care le „cumperi" de la alții ca fiind ale tale, vrei să distrugi și să decreezi, te rog?_ **_Right and wrong, good and bad, POD and POC, all 9, shorts, boys, POVADs and beyonds._**

Alături de cantitățile uriașe de judecată, celălalt factor important care creează energie scăzută provine din faptul că foarte mulți oameni vor să iasă din viața lor, care este așa cum este.

Încearcă asta: Întreabă un client care are un nivel scăzut de energie: „Cum e viața ta?" S-ar putea să fie puțin deconcertat dacă nu se așteaptă ca un practician alternativ să-i vorbească despre altceva decât principalul motiv pentru care a venit la el dar, de obicei, (așa cum am văzut în capitolul 8 – Congruența) o întrebare deschisă, ca aceasta, poate deschide o ușă către problema reală și motivul real pentru care a venit la tine.

Poate că vei obține un răspuns de genul: „Sunt atât de obosită. Trebuie să am grijă de patru copii și de un soț ocupat, și sunt stresată pur și simplu. Nu știu cum voi face ca banii să ajungă până la finalul lunii, facturile sunt scadente iar soțul meu efectiv nu vrea să vorbească despre asta. Nu am niciun pic de energie."

Este bine și poate deveni mai bine.

Dă-mi voie să-ți spun o întrebare pe care o poți oferi acestei cliente, și tuturor clienților tăi, pentru a începe să deblochezi conștientizări și să le schimbi starea de oboseală. Ești pregătit? Este atât de simplu încât (în cel mai bun caz) îți vei da ochii peste cap sau (în cel mai rău caz) vei da cu cartea de pereți.

Iat-o:

Ce (sau cine) te obosește?

Cu adevărat.

Acum – când folosești pentru prima oară această întrebare într-o sesiune, e posibil să fie nevoie să o pui de câteva ori dar ai putea descoperi că doamna cu patru copii și soțul care nu vrea să comunice ar putea spune ceva de genul: „Știi ceva? Am obosit să descurc eu încurcăturile altora. Mai ales, am obosit să fiu eu persoana responsabilă."

Și apoi *bingo*: iată ceva cu care poți începe să lucrezi.

Te pot întreba ceva, dragă cititorule?

Cum stai cu nivelul de energie? Ești adesea obosit?

Să recunoaștem: cei mai mulți dintre noi nu avem întotdeauna energia pe care ne-am dori să o avem și pe care avem dreptul să o avem. Ți-ar plăcea să folosești următoarea întrebare pentru tine însuți?

Iat-o:

Ce (sau cine) te-a obosit și nu vrei să recunoști?

Acum percepe ce vine la suprafață. Ține minte: nu ai nevoie de răspunsuri clare. Niciodată. Trebuie doar să fii suficient de deschis pentru a pune întrebarea.

Ce (sau cine) te-a obosit și nu vrei să recunoști?

Acum folosește întrebarea împreună cu fraza de curățare:

> *Ce (sau cine) te-a obosit și nu vrei să recunoști? Tot ce este acest lucru, vrei să distrugi și să decreezi, te rog?*
> ***Right and wrong, good and bad, POD and POC, all 9, shorts, boys, POVADs and beyonds.***

Când am folosit această întrebare în timpul seriei de videoclipuri pe care se bazează această carte, am folosit-o de cinci ori pentru că mi-am dorit realmente ca participanții să aibă o senzație de ușurință cu această întrebare și să înceapă să observe o schimbare. Pentru că, în final, cum putem încerca să creăm ușurință pentru alții când nu avem ușurință noi înșine?

Are sens ce spun? M-am gândit că va avea.

Încă o dată:

> *Ce (sau cine) te-a obosit și nu vrei să recunoști? Tot ce este acest lucru, vrei să distrugi și să decreezi, te rog?* **Right and wrong, good and bad, POD and POC, all 9, shorts, boys, POVADs and beyonds.**

Observi că parcă te simți puțin mai vioi? Știu că eu mă simt astfel de fiecare dată când folosesc acest instrument. Impactul pe care îl creează nu se diminuează niciodată.

Observă cum, de fiecare dată când îți adresezi această întrebare și folosești fraza de curățare, se șterge puțin din oboseala ta, și încă puțin, și încă puțin. După trei, patru sau cinci ori poți să descoperi că de fapt nu mai ești obosit.

Dă-ți seama că majoritatea oamenilor de pe această planetă sunt obosiți de totul, *tot timpul.* Dacă poți iniția o schimbare în această direcție, vei avea oameni care vor veni în valuri la tine la cabinet.

Doar întreabă: *Ce sau cine te-a obosit? Vrei să distrugi și să decreezi?* Și apoi folosește fraza de curățare – încă o dată: o poți spune în sinea ta sau cu voce tare – e alegerea ta. Orice îți convine și orice sunt ei dispuși să primească.

Ține minte că nu cauți un răspuns verbal din partea clienților tăi la această întrebare sau la orice întrebare. Fraza de curățare își va face treaba în modul ei miraculos, mergând înapoi la punctul la care ei au creat problema la bun început – și asta poate fi ceva ce nici nu-și mai amintesc.

Ce te-a obosit și nu vrei să recunoști? este unul dintre cele mai dinamice instrumente pe care îl poți oferi pentru a schimba lipsa de energie pe care o resimt oamenii. Este calea cea mai rapidă de a *desface* toate judecățile, concluziile, deciziile și calculele care apasă pe umerii noștri.

Aș vrea să subliniez că această întrebare, și toate întrebările pe care ți le sugerez în această carte, pot fi privite ca un punct de plecare. Sunt incluse aici deoarece le consider eficiente și am obținut rezultate folosindu-le dar, pe măsură ce încerci aceste întrebări, vei găsi în mod firesc altele care ți se potrivesc ție și practicii tale. Experimentează și explorează ceea ce funcționează pentru tine. Și ține minte că o întrebare are întotdeauna rolul de a deschide o cale către o posibilitate diferită.

Clienții tăi nu știu că există o posibilitate diferită – până când te întâlnesc pe tine. Întrebările tale vor crea posibilități despre care ei nu știu că ar putea exista. Iar tu vei fi unul dintre cele mai grozave daruri din viața lor.

CAPITOLUL 11

Totul are legătură cu clientul tău

Dacă porți un dialog conștient cu corpurile astfel încât să fii în permisivitate cu absolut orice îți prezintă clientul, și nici nu judeci, și te afli în întrebare, atunci te rog să crezi următorul lucru: orice blocaj care apare pe durata unei sesiuni, orice fel de sentimente ciudate, orice stare de disconfort sau de lipsă de energie pe care o resimți vine de la persoana din fața ta – clientul – nu de la tine.

Chiar și atunci când ceea ce iese la suprafață se simte *cu adevărat* ca și cum ar fi al tău, *cu adevărat* nu este.

Știind și recunoscând acest lucru, este extraordinar de eliberator! Ceea ce percepi face parte din aptitudinea ta și darul tău ca vindecător.

Hai să luăm un exemplu. Să ne imaginăm că ești la mijlocul unei sesiuni și dintr-odată te simți foarte nesigur cu privire la ce se petrece. Doar cu câteva clipe în urmă erai pe val, făcând ceea ce faci tu de obicei, după care apare un nor și, din senin, îți spui: *Nu pot face asta. Nu sunt suficient de puternic.*

Vei simți că acest sentiment vine din tine și e posibil să fie chiar familiar și personalizat – în măsura în care îl asociezi cu un anumit moment din trecutul tău când ai avut o senzație de lipsă a valorii sau ai trăit o stare de nesiguranță.

Asta este la fel ca atunci când tata a părăsit-o pe mama.

Se simte la fel ca atunci când profesorul meu din liceu mi-a spus că nu voi fi niciodată bun de nimic.

Indiferent cât ar părea de convingător, te rog să știi că dacă funcționezi din starea de prezență și permisivitate – unde nu există judecată, nici aliniere sau acord, și nici împotrivire și reacție –, acea nesiguranță și senzație de lipsă a valorii sunt lucruri pe care, corpul tău talentat și capabil care absoarbe precum un burete, le captează de la persoana din fața ta.

Observi cât de uluitor și folositor este acest lucru? Tu ai perceput starea prin care trece clientul și acum te apuci de treabă. Ai fost condus exact la locul în care clientul tău este blocat. Și este ca și cum nimeni din acest univers nu l-a mai însoțit în acel loc înainte să o faci tu. Și, dacă a mai fost cineva, cel mai probabil că a renunțat și s-a retras întrucât a crezut că starea îi aparținea.

De fiecare dată când lucrezi pe cineva și dintr-odată simți ceva precum nesiguranță sau inutilitate sau – favoritul meu (deloc!) – simți ca și când ai fi într-o cameră albă, cu pereți albi, și fără ferestre, și fără uși, și fără nicio cale de ieșire… doar joacă-te cu această idee:

Și dacă îi aparține clientului? Și dacă asta este ceea ce trăiește clientul meu?

În realitate, așa primești tu conștientizarea a ceea ce se întâmplă în lumea clientului tău. *El* se simte nesigur, fără valoare sau gol pe dinăuntru. Acesta este felul în care corpul lui și Universul conlucrează să-ți ofere acea energie, pentru ca tu să poți lucra cu clientul, pentru a crea ceva cu mult mai grandios decât ce poate el accesa sau crea de unul singur.

De aceea este clientul acolo cu tine: ca să încerce să treacă dincolo de un zid de care nu știe cum să treacă.

Gândește-te la asta în felul următor: cu toții facem parte din Univers. Moleculele noastre comunică între ele tot timpul. Lumea clientului tău interacționează cu lumea ta și, atunci când recunoști că asta se întâmplă, când recunoști că nu ești separat de el sau de Univers, atunci înțelegi că tu captezi energia clientului, în funcție de ce are el nevoie. Gata! Nu mai considera că orice apare este al tău!

Când, în cele din urmă, am priceput acest lucru, m-am simțit eliberat. Creează asta un mic fior de libertate și în tine? Sunt sigur că nu poate fi atât de ușor... sau poate că da?

Aceasta este minunea care se simte atunci când o sesiune de vindecare este cu adevărat eficientă – atât pentru tine, cât și pentru clientul tău. Fiecare sesiune are drumul ei și, odată ce te aventurezi pe calea aceea, deblochezi multiple straturi pentru a ajunge la ceea ce are nevoie clientul. Când se întâmplă asta este incredibil. Iar acest lucru este posibil și grație strălucitelor tale abilități.

Fii conștient că e posibil ca el să nu poată exprima în cuvinte nevoia pe care o are. De fapt, este probabil ca el nici să nu știe care este aceasta. Când recunoşti că ceea ce ai perceput are legătură cu clientul tău, rămâi prezent şi alături de el şi de acolo poţi facilita o schimbare.

Pericolul apare atunci când credem că propria noastră nesiguranţă ne-a debusolat şi că suntem pe cale, oarecum, să dăm greş.

Sună cunoscut? Foloseşte curăţarea de mai jos:

> *Oriunde ai considerat că greşeşti pentru că nu crezi că, de fapt, eşti un vindecător suficient de bun deoarece, hai să recunoaştem, ne judecăm pe noi mai mult decât ar putea-o face sau ar face-o oricine altcineva vreodată, vrei să distrugi şi să decreezi asta? Şi toate judecăţile, toate invenţiile, toate minciunile pe care le-ai crezut, toate proiecţiile, toate aşteptările, toate separările şi toate respingerile faţă de tine şi în ce priveşte capacităţile tale care au apărut odată cu asta, vrei să distrugi şi să decreezi, te rog?* **Right and wrong, good and bad, POD and POC, all 9, shorts, boys, POVADs and beyonds.**

Când oprim energia

Dacă te afli la jumătatea unei sesiuni şi dintr-odată crezi că nu eşti la înălţime sau te îndoieşti de capacitatea ta de a iniţia schimbare, nu faci altceva decât să întrerupi sesiunea. Opreşti energia şi opreşti schimbarea miraculoasă pe care începuseşi să o facilitezi.

Te rog recitește acest paragraf.

Ai putea simți ca și cum un zid a apărut în fața ta sau ca și când ai înota într-un bazin plin cu mâl. Cel mai rapid mod de a face față acestei situații este să-ți pui următoarea întrebare:

> *Este acesta blocajul meu sau al clientului?*

Apoi: *Am energia exactă a locului în care s-a blocat el?*

Sau:

Am CONȘTIENTIZAREA exact a energiei blocajului lor?

Dintr-odată apare o schimbare de la:

> *Dumnezeule, sunt blocat!*

la

> *Oh — aici ESTE EL blocat! Genial.*

Acum îți poți facilita clientul pentru a depăși momentul – după care energia începe din nou să curgă. (Pentru unii dintre voi, această conștientizare singulară, dacă o folosiți, ar putea valora cât prețul acestei cărți!)

Sentiment versus conștientizare

Observă diferența între aceste două afirmații:

> *Mă simt neputincios.*

Și

> *Sunt conștient de o senzație de neputință.*

Prima este personală deoarece iei neputinţa asupra ta şi o faci să fie a ta. Te *simţi* contractat şi mic.

Acum, imaginează-ţi pentru o clipă energia neputinţei şi a nesiguranţei. Observi cât de mică şi contractată devine lumea ta?

A doua afirmaţie: *Sunt conştient de o senzaţie de neputinţă* este mai obiectivă; reflectă o detaşare, o distanţă. Eşti conştient de neputinţă. Faci un pas în lateral care îţi permite să-ţi faci treaba.

Pornind din acel punct, faci un pas în spate şi devii mai mare, te uiţi la ce a apărut în câmpul conştientizării tale şi întrebi: *Ce pot face şi ce pot fi pentru a schimba asta pentru el?*

Nu-ţi voi spune cum ar trebui să faci asta dar pot să-ţi împărtăşesc cum o fac eu şi, ca întotdeauna, eşti binevenit să încerci.

Practică: a fi energia a ceea ce percep

Iată ce funcţionează pentru mine. În esenţă, eu *sunt* ceea ce percep. *Sunt* ceva ce include orice ar fi acel univers pe care îl traversează clientul meu. Aşadar, dacă el ridică un zid, eu sunt acel zid.

Voi intra mai mult în detalii, pregătind cadrul.

Mă aflu la jumătatea unei sesiuni cu un client, energia se mişcă iar noi explorăm aceste universuri şi posibilităţi. Lucrurile se expansionează, se schimbă, sunt în mișcare, se expansionează și mai mult iar eu mă gândesc cât de grozav este asta și apoi...

Imaginează-ți cum mi se trage covorul de sub picioare sau cum un ac sparge un balon, sau cum un zid se ridică fix în fața mea atingându-mi practic nasul... iar energia pur și simplu... se oprește.

Cu ani în urmă, înainte să fi avut conștientizarea că totul este despre persoana pe care lucrez, aș fi trecut imediat la gânduri precum: *Dumnezeule, ce anume nu fac cum trebuie? Ce sunt cum nu trebuie? Ce anume am oprit aici? Ce mi-a scăpat? Ce nu am făcut?*

Practic, aș personaliza ce percep și m-aș învinovăți. În realitate, asta s-a întâmplat de câteva ori înainte să înțeleg în măsura în care acum o pot împărtăși cu tine. Sunt atât de încântat că o pot împărtăși. Sper ca ție să nu îți ia atât de mult timp până să îți cadă fisa.

Mie mi-a căzut fisa când am vorbit cu Gary despre asta. I-am povestit cum aveam acest client pe care lucram și cum la jumătatea sesiunilor cu el a apărut un zid, eu m-am blocat și n-am mai știut ce să fac. Iar odată ce zidul s-a ridicat, n-am mai putut să-mi dau seama unde să merg și cum să trec de el.

Iar Gary a spus: „Este zidul tău sau al lui?"

La care eu am zis: „F***-i!"

Până în acel moment am presupus că era al meu. În mod clar așa îl simțeam. Zid șmecher, șiret și abil! Era zidul clientului. Desigur că așa era – pentru că atunci când am devenit conștient de asta, am știut că pe timpul sesiunilor noastre eu eram în stare de prezență, fără să judec și în permisivitate.

Ai trăit și tu unul din momentele acelea în care să vrei să urli și să faci Universul bucățele pentru că ceea ce ai conștientizat este atât de uriaș, și totuși atât de evident, încât crezi că ar fi trebuit să-ți dai singur seama de asta? Dar nu ai făcut-o până în clipa în care cineva ți-a pus o întrebare? Exact asta am trăit eu.

Apropo – nu-i așa că e uluitor cât de des se întâmplă astfel, cât de des o întrebare deblochează exact conștientizarea de care ai nevoie? Eu așa cred.

Am fost extrem de recunoscător pentru acea conștientizare nouă – *aparține clientului* – și, cu acea conștientizare și recunoscând acel lucru, eram în poziția de a facilita schimbare pentru acest client. Iată cum a decurs mai departe.

Am început următoarea mea sesiune cu acest client și cu zidul lui cu întrebarea mea obișnuită, pentru a-l face să devină congruent. „Dacă ai putea obține orice în urma acestei sesiuni, ce anume ar fi?" iar el a răspuns: „Vreau doar să fiu fericit și liber, și aș vrea să știu că sunt conectat."

Energia a fost congruentă cu cererea așa că mi-am zis: „Grozav, să-i dăm drumul!" Apoi, la momentul știut în sesiunile noastre, zidul a reapărut. De data aceasta, în loc să fug și să încep cu „Dumnezeule, ce e în neregulă cu mine?" și să opresc efectiv energia a ceea ce cream, eu am devenit energia zidului.

Cum? Mi-am coborât toate barierele și m-am dus în fața zidului și, energetic, i-am spus: „Bună!"

Am stat în fața zidului și m-am transformat în gorila de 500 de tone.

Desigur că zidul nu avea să se facă fărâme și să se dizolve imediat. Era un zid mare, încăpățânat și perseverent. Între mine și zid s-a desfășurat un ping-pong verbal, oarecum ca cele de mai jos:

Zidul: Sunt un zid mare iar tu trebuie să pleci de aici!

Eu: Cool. Genial. Tu ești un zid fabulos. Salut!

Zidul: Nu, nu înțelegi! Sunt un zid mare și rău iar dacă avansezi, te voi ucide!

Eu: Super. Sunt pregătit. Salut!

Zidul: Nu, ești îngrozitor! Tu ești mic. Nu ar trebui să fii aici. Pleacă.

Eu: Super. Salut!

Zidul a încercat să mă țină la distanță cu fiecare șiretlic pe care îl știa – care, mi-am dat seama ulterior -, era ceea ce făcea clientul care încerca să se mențină în afara vieții lui și să-i țină și pe alții la distanță, în afara vieții lui.

M-am ținut tare, indiferent ce lansa zidul către mine, răspunzând mai ales cu *Salut!* până când... așteaptă să vezi ce urmează... zidul pur și simplu... s-a dizolvat.

După care... a existat o senzație palpabilă a schimbării energiei din lumea clientului. Nu doar că se schimba ci exploda, lua foc, se accelera.

Mai ții minte ce a cerut clientul la începutul sesiunii? „Vreau doar să fiu fericit și liber și vreau să simt că sunt conectat." Când zidul s-a prăbușit, această persoană a sărit energetic din lumea lui mică și contractată – lumea din care mi-a cerut să îl scot – iar bucuria lui a crescut, senzația lui de conexiune s-a amplificat și era *liber. A fost atââââât de frumos să văd acest lucru!*

Fie că a știut sau nu la nivel cognitiv, el a fost cel care a construit zidul. Asta îl împiedica să fie acea conexiune pe care a cerut-o.

Prin simplul fapt că am stat în prezența zidului, că mi-am coborât barierele și am răspuns cu *Salut!* la fiecare insultă, la fiecare vulgaritate, la tot ce avea zidul în arsenalul lui pregătit să-mi arunce în față, el s-a topit după care s-a instaurat o stare de pace profundă în lumea clientului și a inspirat cu adevărat adânc. A fost intens, într-un fel extraordinar. Am pus din nou mâinile pe corpul lui și a fost ca și cum mâinile mele s-au topit în universul lui.

De fiecare dată când, pe parcursul unei sesiuni, încerci aceste sentimente de nesiguranță, îndoială, frică și contractare, acum ai instrumentele cu care să le depășești. Și, da, nu este nimic mai complicat de-atât. Ține minte: aceasta este transformare (vindecare, dacă preferi acest termen) care pornește de la *A FI*.

Să recapitulez:

În timpul sesiunilor lucrezi din permisivitate, ceea ce înseamnă că totul este un punct de vedere interesant. Te afli în întrebare, iar haosul este în mișcare.

Cea mai mare nesiguranță sau temere a clientului tău iese la suprafață iar tu știi că, indiferent cât de mult se simte ca și cum ar fi cea mai mare nesiguranță sau teamă a *ta*, de fapt nu este așa.

Când recunoști că este a lui, rămâi prezent, îți cobori barierele și mai mult și stai acolo, alături de clientul tău, și ești energia a ceea ce percepi – sau folosește orice modalitate care funcționează pentru tine. Pentru mine, *a fi energia* este ceea ce funcționează.

În esență, cu și pentru ei, tu ești energia care ei nu pot fi, cu și pentru ei înșiși.

De asemenea, poți folosi următoarele întrebări:

Ce întrebare pot pune pentru a-i susține în schimbarea acestui aspect?

Ce întrebare pot fi care îi va susține în schimbarea acestui aspect?

Ce întrebare pot pune și ce întrebare pot fi care îi va susține în schimbarea acestui aspect?

Darul tău este să fii ceva ce ei nu au fost capabili să fie vreodată pentru ei înșiși dar care, voi împreună, vă aflați într-o poziție unică de a reuși să fiți.

Te rog să recunoști că oamenii care vin la tine fac asta deoarece există ceva ce tu, și numai tu, poți facilita pentru ei. Vin la tine pentru schimbarea pe care o poți oferi. Vin la tine deoarece există o interacțiune unică între tine și ei. Și există o facilitare unică pe care tu o poți face, pe care nu o poate realiza nimeni altcineva de pe această planetă, nici măcar eu. Oamenii vin la tine pentru că tu ești cel care le poate contribui.

Cum devine mai frumos și mai extraordinar de-atât?

Când ești blocat

Fie că practici de o zi sau de zece ani, vine un moment pe drumul tău de vindecător când ai senzația că nu creezi schimbarea pe care știi că o poți crea. Poate începi să simți că ceea ce faci este o corvoadă sau observi că nu mai dai tot ce poți, sau te simți frustrat de ceea ce clienții tăi aleg sau nu aleg. Oricum te-ai uita la munca pe care o faci, nu te mai entuziasmează ca înainte.

Crede-mă, m-am aflat în această situație și vreau să îți spun că e în regulă. Entuziasmul se poate reaprinde *cu siguranță*. De obicei, este foarte ușor – atunci când pui întrebările potrivite. Am cinci întrebări generale pentru tine, unele cu întrebări adiacente, toate având capacitatea de a scăpăra chibritul care reaprinde focul încă o dată.

Să ne uităm pe rând la fiecare dintre întrebările-umbrelă.

1. Te împotrivești capacităților pe care le ai?

Poate suna ciudat a pune această întrebare în acest loc din carte dar, pentru oricine care nu lucrează la capacitate maximă ca vindecător, aș începe prin a observa dacă se exercită vreo rezistență. Mai precis, aș întreba: *Oare, într-o anumită măsură, te împotrivești capacităților, talentului și darului pe care le ai?*

Pentru foarte mulți vindecători, nu este prima dată când fac acest lucru: au purtat un dialog subtil cu corpurile în alte vieți, indiferent că și-au dat seama că fac asta sau nu.

Este oare posibil să fi avut o experiență într-o viață anterioară în care firea ta, evident empatică, te-a condus să iei asupra ta atât de multă durere și suferință încât ai decis că era prea dureros să fii vindecător, prea dureros să ai atât de multă putere sau prea dureros să ai atât de multă conștientizare?

Oare este posibil să fi decis: *Nu voi mai face asta niciodată?*

Dacă resimți cât de puțină ușurință cu privire la asta, te rog să recunoști că asta a fost atunci, acum este altceva. Acum ai la dispoziție cu mult mai multă conștientizare.

> *Orice a fost făcut pentru a te face să decizi că nu vrei să fii vindecător, că nu vrei să fii empatic, că nu vrei să ai atât de multă putere, că nu vrei să ai atât de multă conștientizare, vrei să distrugi și să decreezi, te rog?*
> ***Right and wrong, good and bad, POD and POC, all 9, shorts, boys, POVADs and beyonds.***

Indiferent prin ce ai trecut într-o viață anterioară, chiar dacă ai pășit prin locuri unde a explodat o bombă nucleară și unde faptul că ai vindecat pe alții a fost atât de solicitant pentru tine încât corpul tău a murit în chinuri, lucru care te-a condus la decizia *Nu mai vreau să fac asta niciodată,* te rog nu lăsa acest lucru să fie motivul pentru care îți suprimi abilitatea și darul pe care le ai în mod natural ca ființă în această viață.

Cum poți inversa acest lucru? În loc să gândești: *Nu vreau să fac acest lucru, nu vreau să simt acest lucru, nu vreau să fiu atât de conștient,* cum ar fi dacă ți-ai da voie să spui:

Știi ceva? Da, am avut niște experiențe în trecut care poate m-au făcut să îmi doresc să opresc acest lucru, dar în această viață voi face asta, voi fi asta.

Îmi voi revendica și îmi voi asuma capacitățile mele vindecătoare pentru a ști cum să le folosesc, astfel încât corpul meu să nu trebuiască să sufere. Pentru a nu trebui să mă simt singur în această lume și pentru a putea face ceea ce am venit aici să fac.

<u>*Tot ce nu permite acest lucru, cu alte cuvinte – tot ce nu-ți permite să revendici și să-ți asumi abilitățile de vindecare și genialitatea acestui lucru, oriunde ai decis să renunți la ele ca și când asta te-ar elibera de această tendință de a lua asupra ta durerea și suferința celorlalți, și oriunde ai decis că este prea mult, este prea multă conștientizare, este prea multă putere, nu vreau să fac asta – vrei să distrugi și să decreezi acum, te rog?*
Right and wrong, good and bad, POD and POC, all 9, shorts, boys, POVADs and beyonds.</u>

Motivul real pentru care ai recurs la vindecare încă de la început, motivul pentru care ai ales această carte și ai citit-o până aici, a fost acela de a te reconecta cu măreția de a fi capabil să dăruiești altor oameni o posibilitate diferită în viața lor și măreția de a reuși să schimbi durerea oamenilor și de a-i ajuta să se elibereze de ea.

Și... dincolo de toate acestea, poate... pentru a putea, de fapt, să contribui la crearea unei lumi a posibilităților... și a magiei... și a miracolelor... și a bucuriei...

Poți recunoaște acest lucru? Ești extraordinar, ești o lumină intens strălucitoare. Îți mulțumesc că ești aici. Pe această planetă frumoasă. În acest moment.

2. Ești în întrebare?

Oricând lucrezi pe cineva și te blochezi dintr-odată, și știi că nu creezi schimbarea în măsura în care știi că o poți face, apelează la întrebare. Întotdeauna. Verifică-te singur: *Vindec din întrebare? Sau, pur și simplu, caut răspunsuri?* Ține minte: răspunsuri, remedii, concluzii – toate acestea au o energie foarte solidă care face schimbarea foarte improbabilă.

Întrebările, pe de altă parte, oferă spațiu, expansivitate și posibilitate. De acolo începi să percepi zonele de soliditate din corpurile pe care lucrezi.

Iată câteva sugestii de întrebări pentru acele situații în care te simți blocat:

> *Ce întrebare pot pune în această situație pentru a obține conștientizare, astfel încât să pot facilita această persoană?*
>
> *Ce întrebare nu pun pe care dacă aș pune-o mi-ar permite să ajut această persoană?*
>
> *Ce altceva este posibil?*

Ce este posibil dincolo de această realitate, care nu cred că este posibil, și care, dacă aș da voie posibilității să apară, ar actualiza o realitate diferită și mai măreață?

Cum devine mai bine de-atât?

De ce anume sunt conștient(ă) și de ce anume sunt capabil(ă), pe care nu le-am ales și nu le-am recunoscut, care ar permite acestui aspect să se schimbe?

Oricând te simți derutat, ca și cum cineva ți-a luat toată puterea iar darul tău tocmai te-a părăsit, și nu-ți aduci aminte întrebările pe care ți le-am sugerat, iar totul se simte mare și înspăimântător – rămâi calm. Am patru întrebări simple pentru tine care sunt absolut fantastice. Îți recomand cu căldură să introduci aceste patru întrebări în arsenalul tău pentru a le utiliza atunci când lucrezi pe cineva și atunci când navighezi prin viața ta și nu ești sigur că știi cum să mergi înainte sau cum să depășești o situație complicată.

Iată-le:

Ce este aceasta (situația) cu adevărat?

Ce fac cu ea?

O pot schimba?

Și dacă da, cum o schimb?

Aceste patru întrebări frumoase te țin foarte departe de ușa pe care scrie GREȘEȘTI. Eu cunosc mult prea mulți vindecători care au tendința să se grăbească să treacă prin acea ușă atunci când nu creează schimbarea pe care știu că o pot crea – la nivel personal și profesional.

Când se întâmplă asta, te rog apelează la întrebare în loc să crezi că greșești și te asigur că ai mult mai multe șanse să depășești blocajul. Și ține minte: există o șansă foarte mare ca ceea ce captezi să aparțină clientului și acest lucru să fie exact locul în care el are nevoie de sprijinul tău.

Ah, și doar cu titlu informativ: *Ce fac greșit?* nu este o întrebare! Este o judecată deghizată în întrebare.

Vicleană chestie, nu-i așa?! Doar până când îți dai seama de ce este în realitate, după care devine realmente evident.

Iată încă o dată aceste patru întrebări care se pot adapta cu ușurință:

Ce este aceasta (situația) cu adevărat?

Ce fac cu ea?

O pot schimba?

Și dacă da, cum o schimb?

Când le folosești, observă spațiul pe care îl aduc cu ele. Orice „problemă" devine atât de amplă și fericită, încât aproape că auzi îngerii cum râd și dau din aripi în direcția ta.

Nu ar fi fenomenal dacă, în timpul sesiunii tale, ai avea o modalitate ușoară prin care să depășești blocajul, folosind patru întrebări extraordinare?

Stai puțin – acum ai!

3. Ești atașat de rezultat?

Acesta este un aspect important. Dacă alegi să lucrezi pe corpurile celor la care ții (iar asta poate să se refere la toți, având în vedere că ești o ființă grijulie), a fi atașat de rezultat este o capcană în care poți cădea ușor și fără să-ți dai seama.

Când ești atașat de rezultat, există în tine o dorință sau o nevoie intensă ca persoana pe care lucrezi să se schimbe. Dintr-un motiv sau altul, menții ferm o încleștare de menghină, cu mușchii contractați și scrâșnind din dinți, insiști ca persoana din fața ta să aleagă ce crezi tu că ar trebui să aleagă. Practic, ești până la gât îngropat în judecăți și puncte de vedere iar ceea ce comunici este: „Ar trebui să te schimbi, ar trebui să te schimbi, ar trebui să te schimbi."

Chiar dacă ceea ce faci vine dintr-un loc al bunăvoinței, ceea ce percepe clientul tău de la tine este judecata. Solidă, inflexibilă. Se va culpabiliza și va considera că greșește. Și, din această energie de solidificare, este probabil să apară schimbare? Cred că știi răspunsul la această întrebare.

Iată curățarea pentru situațiile în care ești realmente atașat de rezultat. Te rog, te rog, te rog folosește-o!

> *Tot ce fac pentru a fi atașat de rezultat, cu tot ce m-am aliniat și am fost de acord, la tot ce m-am împotrivit și am reacționat, care mă determină să nu fiu în permisivitate cu privire la faptul că ei se pot schimba*

sau nu, hai să distrugem și să decreăm, te rog! **Right and wrong, good and bad, POD and POC, all 9, shorts, boys, POVADs and beyonds.**

Și dacă, lucrând pe cineva la care ții, ai cultiva senzația următoare: *„Bună! Sunt aici. Te poți schimba sau nu, este alegerea ta."*

Observi ce spațiu total diferit este acesta? Este fără judecată, este permisivitate adevărată. Acesta este spațiul care permite oamenilor să se schimbe deoarece – te rog să remarci asta – multe dintre lucrurile pentru care vin oamenii la tine au legătură cu toate acele aspecte pentru care au fost judecați toată viața lor – și pentru care poate s-au și autojudecat o lungă perioadă de timp. Așadar, este surprinzător faptul că energia legată de sentimentul de „a nu fi la înălțime" pentru a schimba situația, sau decizia lor de a nu o schimba încă, sau convingerea lor că nu se va schimba niciodată, își ițește capul ei curios de hidos?

Fii spațiul permisivității și vezi cât de mult poți face, fi și dărui în plus. *Și bucură-te.*

4. Te plictisești?

Dacă lucrezi de mult timp și ai obținut rezultate bune dar la un moment dat... îți dai seama că stagnezi într-un fel, și simplul gând de a lucra pe oameni te face să spui *Pff* atunci sunt gata să pariez că este din cauză că funcționezi din: *Am clienți cu dureri de spate – procedez în acest fel. Am clienți cu cancer – procedez în acest fel. Am clienți cu probleme musculoscheletale – atunci procedez în acest fel.*

Totul este foarte ordonat. Foarte A + B = C. Nu foarte haotic, nu foarte conștient și deloc creativ. Ca să nu mai spun: deloc TU!

Când lucrurile stagnează, se întâmplă în general pentru că tu funcționezi din răspunsuri și concluzii și ordine așa că aș sugera întotdeauna o doză de haos în aceste situații. Cum? Fii mai mult în întrebare pentru a vedea ce altceva este posibil.

Încearcă această curățare:

> *Ce întrebare poți fi și poți pune, care nu ai ales să fii și pe care nu ai ales să o pui, care dacă ai alege să fii și să o pui, ar aduce ușurință în ceea ce faci? Tot ce nu permite acest lucru, **Right and wrong, good and bad, POD and POC, all 9, shorts, boys, POVADs and beyonds.***

5. Îți displace ceea ce faci?

Pagina care urmează poate să fie ori absolut terifiantă, ori absolut palpitantă pentru tine, în funcție de punctul tău de vedere cu privire la bani și a primi bani ca vindecător. Din fericire, am un capitol întreg dedicat exact acestor aspecte, imediat după acesta. Poate chiar ai tras cu ochiul la el? Nu te-aș învinovăți pentru asta – este un subiect FOARTE delicat pentru cei care dialoghează subtil cu corpurile!

Pentru moment, vreau doar să știi că atunci când începe să-ți displacă să mai faci sesiuni, când nu mai vrei să mergi la cabinet și nu mai vrei să lucrezi pe oameni, când nu mai este amuzant pentru tine, în 99% din cazuri este pentru că nu ești plătit destul.

Am trecut și eu prin asta și habar nu am avut că avea legătură cu banii. Voi explora pe larg acest aspect împreună cu tine în capitolul următor dar, pentru moment, iată o întrebare pe care o poți pune dacă, sau când, ai senzația că munca ta nu mai este agreabilă iar tu nu mai creezi schimbarea de care știi că ești capabil:

Cât ar trebui să cer pentru ca asta să fie din nou ceva plăcut pentru mine?

Percepe această energie și pășește cu curaj în capitolul 12, prietene.

CAPITOLUL 12

A-ți cunoaște valoarea ca vindecător – meriți să fii plătit?

Dacă există o întrebare care creează în mod sigur o tonă de dificultăți, blocaje și senzația de palme umede pentru toți cei care dialoghează cu corpurile din lumea întreagă, este aceasta:

Este acceptabil să fiu plătit pentru asta?

Sună cunoscut? Și ce zici despre: *Este acceptabil să fiu plătit bine pentru asta?*

Fii sincer – crezi că tu, ca vindecător, ar trebui să fii plătit foarte bine? Ce zici de venituri din șase cifre? Ce zici de mai mult decât atât?

Dacă te simți confuz, dacă îți e teamă sau dacă te împotrivești sau reacționezi în orice fel la asta, te asigur că nu ești singurul. Și sunt încântat să pot împărtăși cu tine acest capitol deoarece, crede-mă, am fost și eu în situația aceasta.

În perioada în care am descoperit Access, aveam multe dubii cu privire la a fi plătit pentru lucrul pe oameni iar acest aspect era amplificat de – și suprapus peste o mulțime de probleme pe care le aveam cu privire la bani și la a primi în general.

De fapt, așa cum mi-a spus bunul și înțeleptul meu prieten Gary cu ani în urmă: „Dain, tu nu ai probleme cu banii. Problemele tale au legătură cu ce ești dispus să primești."

Ce mai declic a fost acest moment! Și, că veni vorba, acesta este unul dintre numeroasele declicuri pe care ți le voi împărtăși în acest capitol. Desigur, Gary a avut dreptate – în general, nu numai legat de bani, aveam o mare problemă cu a primi. Așa se întâmplă adesea – crezi că ai o problemă cu banii și, ceea ce te ține pe loc este înrădăcinat în primirea de toate felurile.

Pentru a ajunge în locul în care acum am ușurință totală și bucurie (ce surpriză!) cu sumele pe care le încasez pentru munca mea a trebuit să mă debarasez de convingerile limitative și să îmbrățișez conștientizări noi – pe care ți le voi dezvălui și ție imediat.

Apropo, ai tresărit când am spus că am avut probleme cu primirea? Atunci înseamnă că poate e adevărat și pentru tine. În acest caz, folosește fraza de mai jos:

> *Ce ai decis că este primirea, care de fapt nu este? Tot ce este acest lucru, de un dumnezelion de ori, vrei să distrugi și să decreezi, te rog?* ***Right and wrong, good and bad, POD and POC, all 9, shorts, boys, POVADs and beyonds.***

Și asta...

> *Ce ai decis că nu este primirea, care de fapt este? Tot ce este acest lucru, de un dumnezelion de ori, vrei să distrugi și să decreezi, te rog?* **Right and wrong, good and bad, POD & POC, all 9, shorts, boys, POVADs and beyonds.**

Am speranța că, povestind despre ce m-a menținut pe mine blocat și limitat în ceea ce privește banii, acum pot aduce în conștientizarea ta deoarece, dragă vindecătorule, meriți pe deplin să fii plătit, și să fii plătit bine, pentru schimbarea pe care o facilitezi.

Suntem pe cale să dezvăluim trei dintre cele mai întâlnite convingeri limitative din lumea unui vindecător și să explorăm câteva noi conștientizări cu privire la bani care pot iniția o uimitoare schimbare de perspectivă. Dacă rezonezi cu asta, așteaptă-te să fii condus către un spațiu din care, în cele din urmă, vei vedea că meriți să fii plătit bine pentru ceea ce faci *și* că ceea ce câștigi reflectă darul care ești și schimbarea pe care o poți crea, *și* îți permite să-ți accesezi capacitățile și potențialul de vindecător.

Să începem descoperirea convingerilor limitative.

Primul punct de vedere limitativ: ar trebui să muncești pe gratis

> *... iar dacă iei bani, ar trebui să ceri o sumă minusculă. Și să nu-ți crești tarifele niciodată. De fapt, știi ceva? – muncește pe gratis.*

Există un punct de vedere dominant pe care îl au mulți oameni pe planeta aceasta și anume:

Dacă faci ceva pentru binele cuiva, ar trebui să o faci gratis.

Există părerea conform căreia, mai ales dacă ai un dar anume, atunci ai datoria de a împărtăși acest dar și ar trebui să-l împărtășești fără nicio recompensă financiară pentru tine. La urma urmelor, tu ești vindecător așadar nu ar trebui să te preocupe toate chestiile astea materiale, nu-i așa? Și dacă te preocupă, atunci ești lacom și profiți de oameni, în timp ce ar trebui să fii complet altruist și spiritual.

Că tot vorbim de punct de vedere limitativ! Lăsăm la o parte faptul că este un punct de vedere care debordează de judecată și, prin urmare, este extrem de distructiv.

Adevărul este că avem cu toții facturi de plătit și cu toții trebuie să mâncăm. Și, indiferent cât suntem de conștienți, acest fapt în sine nu va răspunde nevoilor noastre în această realitate. Pentru a continua să muncești ca vindecător și vector de schimbare, pentru a continua acest dialog subtil cu corpurile, remunerarea este cea care face ca aceste lucruri să fie durabile.

Te rog nu prelua acest punct de vedere limitativ ca și când ar fi al tău, nu-l crede și nu-l lăsa să alimenteze îndoielile pe care poate le ai cu privire la a-ți stabili tariful orar în calitate de vindecător. Nu priva lumea de darul tău, de această invitație incomparabilă care ești tu.

Ești gata să o eliberezi? Notă – unii dintre voi poate și-ar dori să facă această curățare de mai multe ori:

> *De oriunde ai* cumpărat *ideea că ar trebui să muncești gratis sau pentru sume de bani foarte mici, vrei să distrugi și să decreezi, te rog?* **Right and wrong, good and bad, POD and POC, all 9, shorts, boys, POVADs and beyonds.**

Și...

> *Oriunde ai* cumpărat *ideea că, deoarece depui o muncă* spirituală *sau practici* vindecare, *trebuie să o faci gratis, vrei să distrugi și să decreezi, te rog?* **Right and wrong, good and bad, POD and POC, all 9, shorts, boys, POVADs and beyonds.**

Al doilea punct de vedere limitativ: banii sunt ochiul dracului

Înainte să detaliem această convingere, hai să punem punctul pe i: „Banii ochiul dracului" este unul dintre citatele cele mai incorect interpretate și mai puțin înțelese care provin din Biblie. Citatul real este „Iubirea de bani este sursa tuturor relelor", care este cu totul altceva. Gândește-te: nu există o răutate inerentă în bani. Bancnota de 5, 10 sau 50 de dolari din portofelul tău nu are nimic negativ (sau pozitiv).

Lucrurile devin problematice atunci când iubirea de bani *este mai mare* decât iubirea ta pentru creație și când acorzi importanță banilor mai presus de orice, în special mai presus de contribuția și darul care poți fi pentru ceilalți.

Când privești lucrurile din acest unghi, ele sunt foarte clare – te poți bucura de bani și îi poți aprecia, fără ca ei să fie cel mai valoros produs din viața ta. Poți fi dispus să îi ai, fără ca ei să-ți conducă sau să-ți *distrugă* viața.

Al treilea punct de vedere limitativ: este dificil să faci bani/nu e normal să te distrezi și să faci bani/oricum nu merit să am mulți bani

(Practic, orice punct de vedere despre bani pe care l-ai preluat de la părinții tăi.)

(Și de la oricine altcineva pe parcursul vieții tale.)

Ții minte cum absorbim toate convingerile, judecățile și punctele de vedere ale celor din jurul nostru?

Iată o întrebare:

> *Este posibil să fi cumpărat realitatea financiară a altcuiva și să o fi făcut să fie a ta, când de fapt nu era?*
>
> *Și cui aparținea această realitate?*

Are sens ca mulți dintre noi să fi preluat realitatea financiară a părinților noștri sau a celor care ne-au crescut. Gândește-te puțin care a fost atitudinea și atmosfera din jurul banilor când erai copil.

Banii erau puțini sau din abundență? Dacă erau puțini, este posibil să fi existat mult stres și îngrijorare când venea vorba de bani, și pe bună dreptate.

Treaba e că, până și în familiile în care banii nu par a fi o problemă, tot mai pot exista anxietăți subiacente acestui subiect. Adesea, cei mai bogați oameni sunt cei mai reticenți să cheltuie și să se bucure de averea lor deoarece mentalitatea lor cu privire la bani este una de lipsă, chiar și atunci când în realitate, au mulți bani. Dacă ai probleme legate de primire, nu e atât de simplu precum „ai fost crescut în bogăție sau în sărăcie" – cel mai adesea, este mai profund decât asta.

Este minunat că acum tu ai alegerea de a renunța la orice realitate financiară care nu îți aparține. Orice mentalitate despre bani ai preluat pe parcursul vieții tale, acum poți alege să te eliberezi de ea iar asta te va elibera în extrem de multe feluri astfel încât să te bucuri când primești bani pentru munca extraordinară pe care o faci.

> *A cui realitate financiară ai* cumpărat-o *ca adevărată și reală pentru tine, când de fapt nu este? Tot ce este acest lucru, de un dumnezelion de ori, vrei să distrugi și să decreezi, te rog?* **Right and wrong, good and bad, POD & POC, all 9, shorts, boys, POVADs and beyonds.**

Altceva de luat în considerare este faptul că un vindecător ca tine e posibil să fi perceput realitățile financiare ale altor oameni care depun o muncă similară cu a ta. Dacă până acum ai întâlnit alți vindecători care au muncit gratis sau au crezut că trebuie să muncești pe bani puțini, este oare posibil să fi preluat punctul lor de vedere ca realitate a ta?

Rulează curățarea încă o dată:

> <u>*A cui realitate financiară ai* cumpărat-o *ca adevărată și reală pentru tine, când de fapt nu este? Tot ce este acest lucru, de un dumnezelion de ori, vrei să distrugi și să decreezi, te rog?* **Right and wrong, good and bad, POD & POC, all 9, shorts, boys, POVADs and beyonds.**</u>

Acestea sunt doar trei dintre cele mai des întâlnite convingeri limitative cu care trebuie să se confrunte vindecătorii, fie că sunt noi în domeniu, sau fac asta de mult timp. Dacă te poți debarasa de aceste convingeri, sau cel puțin să le vezi exact așa cum sunt: foarte limitative, probabil nu ale tale și potențial foarte distructive, atunci realitatea ta cu privire la bani și câștiguri obținute ca vindecător poate începe să se schimbe dincolo de cele mai îndrăznețe visuri.

Ești gata pentru câteva conștientizări noi?

Noua conștientizare nr. 1: poți și să fii conștient, *și* să dorești (și să ai) bani

Ei bine, da, aceste două lucruri pot merge mână în mână fără discuție! Sunt convins că ceea ce te-a adus la acest gen de profesie a fost dorința de a contribui oamenilor, de a le dărui și de a crea o schimbare în lume. Știind acest lucru, aș fi surprins dacă banii ar fi elementul primordial care să te anime sau să influențeze motivul pentru care ești vindecător sau de ce iei în calcul să faci pasul de a deveni unul.

Da, există un *totuși*... Uite cum stă treaba: doar pentru că nu vrei să faci banii prioritatea ta numărul unu, nu înseamnă că nu ar trebui să ai sau să dorești banii care îți vor permite să creezi o viață împlinită pentru tine și pentru cei la care ții.

Dacă ai o senzație de ușurință în această privință, te invit să-ți permiți să ai bani și să adopți ideea de a face bani ca vindecător, și să fii relaxat la gândul de a dori bani.

Asta nu te face lacom sau rău în niciun fel. Deși este adevărat că există foarte multă lăcomie în lume și foarte mulți oameni la putere care sunt ahtiați după bani – doar pentru că acesta este felul în care procedează ei în legătură cu banii, nu înseamnă că și tu procedezi la fel, sau din acel spațiu.

Încă o dată: nu este nimic rău la bani. Poți fi conștient *și* îți poți dori bani.

> <u>Toate minciunile pe care le-ai cumpărat *despre oamenii cu bani și cât de răi și mizerabili sunt, și tu nu ai vrut să fii așa niciodată* – toate acestea, vrei să distrugi și să decreezi, te rog?</u> **Right and wrong, good and bad, POD and POC, all 9, shorts, boys, POVADs and beyonds.**

Apropo, eu am crezut minciuna că nu puteam să fiu și conștient, și bogat, motiv pentru care, înainte să folosesc aceste instrumente din Access Consciousness, nu-mi permiteam să plătesc nici măcar chiria.

Noua conștientizare nr. 2: Există o legătură între sumele pe care le ceri și amploarea schimbării pe care o creezi, și amploarea schimbării pe care oamenii își vor da voie să o aibă

Acesta este un punct foarte important. Când abia începusem Access, încă practicam chiropractica și încasam 25 de dolari pe ședință. În timpul unei conversații cu Gary, m-a întrebat ce fel de rezultate cream pentru acea sumă. I-am spus cum, pe de o parte, unii oameni obțineau rezultate uimitoare dar cum, per total, aveam senzația că ceea ce cream nu era nici pe departe ceea ce știam că este posibil.

Gary, cu abilitatea lui de a merge direct la miezul problemei, a spus: „Asta deoarece nu ceri suficient de mulți bani."

Trebuie să mărturisesc că am rămas perplex. Mă așteptam ca el să-mi dea sfaturi cu privire la o tehnică sau poate să-mi ofere un instrument, așa că l-am întrebat ce vrea să spună iar el mi-a răspuns: „Câtă schimbare sunt oamenii dispuși să primească atunci când îți plătesc 25 de dolari?"

Încă nu-mi era clar unde voia să ajungă cu asta, așa că mi-a spus-o mai simplu: „Dain! Douăzeci și cinci de dolari este costul a două bilete la cinema. Când te plătesc cu 25 de dolari, aceasta este schimbarea pe care clienții tăi sunt dispuși să o aibă."

Ah... bun... acum începeam să pricep! Dacă ceream o sumă aproximativ egală cu costul a două bilete la film, oamenii ar fi acceptat o schimbare similară cu ce ar fi obținut dintr-un film. Și câtă schimbare primesc oamenii din filmele vizionate? Nu prea multă și nici ceva care să dureze mult timp.

Acesta a fost primul meu pas în a înțelege mai bine modul în care mă evaluam pe mine însumi. De fapt, acest moment a creat o mișcare uriașă în conștientizarea mea deoarece mi-a permis să observ că a fi plătit avea legătură directă cu schimbarea pe care eram capabil să o creez în viața oamenilor – și îmi doream, mai mult decât orice, să lucrez cu oameni pentru a crea vindecare și schimbare în viața lor.

Noua conștientizare nr. 3:
Scopul de a avea bani este pentru a schimba viața oamenilor în bine

O dată în plus, această perspectivă mi-a fost oferită de abilul Gary, inițiatorul de conștientizări, atunci când m-a întrebat: „Poți schimba mai mult lumea cu sau fără bani?"

Părea la mintea cocoșului: „Cu bani, desigur" am răspuns eu.

„Exact", a spus el, „iar scopul banilor este de a schimba realitățile oamenilor în ceva mai măreț."

Acesta a fost încă unul din acele momente de declic pentru mine! A fost prima dată când cineva mi-a oferit perspectiva că banii ar putea face lucruri bune, extraordinare și incredibile. A fost exaltant și motivant. Începând cu acel moment, situația mea financiară a început să se schimbe.

> *<u>Tot ce ai făcut pentru a considera că este greșit să ceri bani pentru serviciile tale și oriunde ai acel ciudat nod în gât când le spui oamenilor care sunt tarifele tale, și simți ca și cum desigur că ceri prea mult, vrei să distrugi și să decreezi, te rog?</u>* **<u>Right and wrong, good and bad, POD and POC, all 9, shorts, boys, POVADs and beyonds.</u>**

Sper din suflet ca aceste noi conștientizări să-ți aducă o stare de ușurință cu privire la subiectul bani, deoarece știu cât de mult poate să fie o piedică în calea darului tău.

Mai departe hai să ne uităm la ce să iei în calcul atunci când îți stabilești tarifele.

Stabilirea tarifelor în practică

Am două întrebări cu adevărat geniale pe care ți le poți pune pentru a te așeza în acord cu privire la ce ar trebui să fie tarifele tale. Ele sunt incluse în povestea care urmează, poveste în care îți arăt cum am folosit eu personal aceste întrebări pentru a-mi depăși într-un final problemele pe care le aveam în ce privește primirea.

PARTEA A TREIA

La începutul perioadei în care am descoperit Access și am elaborat procedeul energetic pe care îl practic, într-o zi, Gary a venit la mine pentru o sesiune. Inițial, mi-a sugerat să-i întreb corpul ce are nevoie. Atunci a fost prima dată când m-am întâlnit cu conceptul de a întreba corpul ce-și dorește – interesant cum, în prezent, acest lucru reprezintă esența metodei pe care o folosesc!

În realitate, la acea vreme, habar nu aveam ce voia să spună Gary. După o mică ezitare, am încercat: i-am întrebat corpul ce își dorește, m-am racordat la energia acelui lucru și am început să creez schimbare în corpul lui Gary așa cum niciunul dintre noi nu mai trăisem vreodată. Ce a ieșit la iveală pe parcursul acelei sesiuni a constituit nașterea, începutul modalității ESB (Sinteza energetică a ființei) pe care acum o practic și o predau în toată lumea.

Această experiență a fost precum o ușă care s-a deschis către o nouă lume de posibilități pentru mine ca vindecător așa că, atunci când Gary m-a invitat să susțin sesiuni ESB la următorul curs avansat Access am fost extrem de entuziasmat. Apoi, a apărut marea întrebare: „Deci, Dain, cât vei cere pentru o sesiune?"

Ah, te salut problemă cu banii și cu primirea! Habar nu aveam ce să spun așa că m-am decis să cer sfatul unei experimentate facilitatoare Access care mi-a pus o întrebare care a fost deosebit de folositoare și de puternică și pe care sunt foarte fericit să o împărtășesc cu tine:

> *Ce sumă ar fi atât de palpitant de cerut, încât aproape că îți e teamă să o ceri, dar care dacă ai primi-o, te-ar face extrem de fericit?*

Serios, citește-o încă o dată, subliniaz-o, copiaz-o în agenda ta și în telefon – pentru că această întrebare este un real cadou!

Am stat câteva clipe să mă gândesc înainte să-i răspund. Și în ceea ce, sincer vorbind, s-a simțit ca și cum voiam luna de pe cer, am spus: „Șaizeci de dolari o sesiune." Serios, suma aceea de bani îmi dădea toate senzațiile de teamă și exaltare despre care vorbea ea.

„Grozav!" a spus ea, „dar câtă schimbare vor primi oamenii pentru 60 de dolari?"

Ah, mi-am zis eu – asta îmi amintește de ceva anume. Mă ducea cu gândul la conștientizarea pe care mi-a transmis-o Gary despre nivelul de schimbare cât un bilet la film în valoare de 25 de dolari. Asta este ceva de ținut minte: adesea durează un anumit timp să înțelegem realmente ceva și să-l deblocăm, mai ales atunci când este vorba despre obiceiurile adânc înrădăcinate și vechile noastre tipare de gândire.

Iată ce am făcut. Am făcut o pauză, am perceput energia amplorii schimbării pe care ar primi-o oamenii dacă aș cere 25 de dolari și am știut răspunsul pe loc: foarte mică.

Apoi, am perceput energia amplorii schimbării pe care ar primi-o dacă m-ar plăti 60 de dolari și mi-am dat seama că ar primi cu mult mai mult dar și că eu eram capabil de mai mult. Așa că mi-am imaginat ce aș putea face pentru 80 de dolari iar saltul în ce ar primi oamenii de la 60 la 80 de dolari a fost atât de mare încât am ales 80. Dacă te-ai gândit că am fost exaltat și speriat de 60 de dolari, îți imaginezi cum m-am simțit la 80 de dolari?!

Gary mi-a telefonat și m-a întrebat la ce sumă am ajuns. I-am spus: „Gary, îmi este foarte greu să cer suma aceasta". Serios, tremuram iar moleculele mele vibrau toate. Am inspirat și i-am spus: „Optzeci de dolari!".

„Bine", a răspuns el. Ajungem pe repede înainte la ziua cursului avansat Access. Gary a început cursul cu un anunț în care m-a prezentat tuturor și a spus că ne-am cunoscut de curând dar cum într-un timp scurt eu am făcut lucruri uimitoare pentru el și pentru corpul lui. A spus participanților la curs că ofer sesiuni 1-1 care de obicei costă 120 de dolari „Dar", a adăugat el „vouă vi le oferă la 80 de dolari."

Sunt convins că pe o rază de 15 kilometri s-a putut auzi cum era să mă înec când l-am auzit pe Gary spunând acest lucru. Auzind suma de 120 de dolari asociată numelui meu a fost ca și cum... ei bine, e dificil de pus asta în cuvinte! Poate percepi energia. Dacă stai să te gândești, suma asta era de aproape 5 ori mai mare decât ce mă gândisem eu că valorez. Pur și simplu am rămas fără cuvinte.

Adevărul este că am făcut 20 de sesiuni la acel curs și nimeni nu a plătit mai puțin de 120 de dolari. În realitate, cineva chiar m-a plătit *mai mult* pentru a reflecta schimbarea pe care a primit-o. Acesta a fost un moment determinant în viața și în munca mea de vindecător, și în același timp o recunoaștere a ceea ce eram capabil să fac.

Schimbarea pe care am creat-o pentru 120 de dolari a fost mai mare decât orice altceva la care am avut acces înainte de asta. Și nu doar atât – *munca mea a fost cu mult mai ușoară.*

Iată de ce: când cineva este dispus să te plătească suficient, a depășit una dintre barierele care îl împiedica să ajungă la schimbarea pe care o cere. Trecând de acea barieră și plătindu-te suficient, este dispus să primească mai mult.

Informează-ți clienții existenți că onorariul tău a crescut

A crește onorariul poate să implice puțin sau mult curaj. Iată cum am gestionat eu acest lucru. Chiar dacă exploram aceste noi modalități și căi de a induce schimbare cu corpurile oamenilor, mi-am păstrat și cabinetul de chiropractică. Știam că trebuie să ofer clienților existenți acest mod de lucru din noul spațiu de vindecare. Problema era că ei plăteau tariful vechi de 25 de dolari iar eu, mai nou, ceream 120 de dolari. Cu toate acestea, am văzut ce era posibil și nu mai puteam da înapoi.

Le-am spus clienților la vremea respectivă că am descoperit o nouă energie, cu uriașe capacități vindecătoare, cu care era deosebit de plăcut să lucrezi. Le-am comunicat și că noul meu tarif este 120 de dolari pentru o sesiune individuală cu durata de o oră. I-am anunțat că dacă doreau să facă această călătorie era minunat dar dacă nu, eram bucuros să îi recomand unui alt chiropractician din oraș.

Nouăzeci la sută dintre clienții mei au rămas cu mine.

Ceea ce a fost miraculos și minunat pentru mine a fost să constat că oamenii care au rămas cu mine au primit schimbarea pe care am dorit întotdeauna să le-o pot oferi în toți acești ani de chiropractică dar care, pur și simplu, nu a fost posibilă pentru suma de 25 de dolari.

Într-o oră cream o schimbare care, anterior, ar fi durat șase luni să apară. Pe la mijlocul sesiunii, clienții se uitau la mine într-un fel minunat și senin, după care spuneau: „Uau! Nici nu am știut că așa ceva este posibil!" la care eu răspundeam: „Nici eu. Nu-i așa că este fabulos?"

Am trecut de la a oferi o schimbare micuță și limitată, la o schimbare masivă pentru mine și clienții mei și am înțeles cu adevărat valoarea care se regăsea în ieșirea din zona de confort a situației mele financiare.

Este momentul și pentru tine să ieși din zona ta de confort?

A găsi valoarea ideală

Iată două întrebări pe care le poți pune pentru a-ți stabili tarifele:

1. Ce sumă ar fi atât de palpitant de cerut, încât aproape că îmi este teamă să o cer, dar care – dacă aș primi-o – m-ar face foarte fericit?

2. Pentru această sumă, care ar fi amploarea schimbării la clienții mei?

Scopul este să găsești valoarea ideală. Cu alte cuvinte, explorează cât este palpitant să ceri iar apoi ia în calcul amploarea schimbării pe care o poți crea pentru acea sumă de bani.

Acum, te rog să fii conştient pe măsură ce explorezi acest nou mod de a-ţi stabili tarifele! Sigur, 1.000 de dolari este extraordinar de palpitant de cerut dar ai putea obţine în mod confortabil o schimbare echivalentă acestei sume?

Pe de altă parte, poate consideri a fi foarte uşor să produci o schimbare echivalentă sumei de 50 de dolari dar, te încântă această sumă? Dacă ceri 50 de dolari, vei fi nemulţumit şi plictisit? Eşti capabil să oferi schimbare ceva mai aproape de 100 de dolari sau chiar 200 de dolari?

Numai tu ştii şi îţi recomand să te joci şi să te distrezi făcând asta. Dacă răspunsul nu-ţi vine cu uşurinţă, reciteşte acest capitol şi rulează curăţările cât de mult este nevoie.

În încheierea acestui capitol, aş dori să-ţi împărtăşesc o întâmplare care m-a ajutat realmente în a accepta faptul că banii pe care îi câştigam ca vindecător aveau capacitatea de a îmbunătăţi semnificativ viaţa cuiva foarte drag mie.

Schimbarea realităţii nepotului meu

Nepotul meu este un copil adorabil. Unul din acei copii geniali. Unul dintre acei copii comparabili cu un geniu. Este pur şi simplu inteligent. Şi, precum mulţi oameni inteligenţi, este foarte curios şi adoră să pună întrebări.

La grădiniţă şi în clasa întâi, a avut profesori cărora le plăcea faptul că punea întrebări şi l-au apreciat ca darul care este. Dar atunci când a intrat în clasa a doua, totul s-a schimbat pentru el. Schimbarea a avut legătură cu faptul că noua învăţătoare a interpretat faptul că ridică mâna des și este deosebit de curios ca fiind o lipsă de respect la adresa ei. De fapt, ea a fost atât de ofensată de faptul că pune întrebări, încât a crezut că încearcă să o provoace și să o submineze.

La vremea respectivă, în școala aceea, dacă un elev făcea ceva care deranja un profesor, primea un cartonaș galben ca prim avertisment și dacă făcea ceva *rău* încă o dată, primea un cartonaș roșu, ceea ce însemna că nu putea ieși în pauză și nici nu putea merge la cantină.

Nepotul meu primea cartonașe roșii patru zile din cinci. La trei săptămâni de la începerea clasei a doua, venea acasă adus de umeri, arătând ca un om bătrân, demoralizat și care își ura și meseria, și viața. Iar el nu avea decât șapte ani.

Foarte rapid am înțeles că această situație este inacceptabilă. Îmi cunoșteam nepotul și îi înțelegeam adevărata natură. Am vorbit cu sora mea despre posibilitatea de a-l duce la o altă școală, știind că dacă puteam găsi o școală privată atunci el ar fi fost tratat cu blândețe și i s-ar fi permis să vadă că el nu constituie o problemă, că întrebările lui sunt minunate și că era un copil extraordinar, punct.

La vremea respectivă, sora mea nu avea mijloacele financiare pentru a face o schimbare atât de mare... dar eu le aveam. Împreună am descoperit o școală privată aflată la trei kilometri de casa lor și am programat o vizită pentru el. După numai o zi petrecută acolo, nepotul meu a venit înapoi acasă radiind. Umerii i se îndreptaseră. Era viu. Era copilul fericit care fusese înainte. Am știut ce am de făcut. „Înscrie-l," i-am spus surorii mele, „începe de mâine." Ea mi-a răspuns: „Dain, nu-mi permit asta. Mi-aș dori, dar nu pot."

Eu mă hotărâsem deja. „Asta este între mine și el, și plătesc pentru asta. El vrea să meargă acolo. Tu ești sora mea mai mică, te iubesc iar acest lucru trebuie făcut deoarece va crea un viitor diferit pentru acest copil."

De atunci înainte, s-a descurcat foarte bine. Are în vedere o bursă de volei, își dorește să fie vindecător și iată ce mă umple de bucurie: mă uit la ce ar fi putut fi viitorul lui dacă nu aș fi fost capabil să plătesc pentru acea școală și știu că ar fi fost un loc cu totul și cu totul diferit.

A fi plătit pentru ceea ce faci este, în realitate, un dar pentru tine și pentru ceilalți

Nu-i așa că este o perspectivă interesantă?

Este un dar pentru clienții tăi deoarece le permite să deschidă ușa către a primi o schimbare uriașă, cu mult mai mult decât dacă ai lucra pe ei gratuit sau dacă ai cere un tarif minuscul pentru ceea ce faci.

Este un dar pentru tine deoarece ajungi să ai ușurință și pace în ceea ce privește banii. Și apoi, cât de relaxat vei fi în prezența clienților tăi?

Și dincolo de toate acestea, **este un dar pentru cei la care ții**. Cât de mult poți contribui altora dacă tu ești confortabil financiar? Poate că ai un nepot sau o nepoată a căror realitate și viitor s-ar putea schimba ca rezultat al faptului că ai resursele financiare să le contribui.

Când nu mai considerăm banii ca fiind acest lucru rău, îngrozitor, greșit, infam și mizerabil, atunci putem crea cu mult mai mult. Pentru clienții noștri, pentru noi și pentru cei dragi nouă.

Cum devine mai bine de-atât?

Crearea viitorului: de la teorie la practică

Pe măsură ce ne apropiem de ultimele pagini ale acestei cărți, aș dori să te invit ca pentru o clipă să te racordezi la lumea pe care ți-ai dori să o creezi.

Dacă ai putea crea lumea exact așa cum ți-ai dori să fie, cum ar arăta ea? Cum s-ar simți? Cum ar fi? Poate că unii dintre voi aveți nevoie de ceva timp pentru a vă conecta la asta, alții veți ști imediat. Închide ochii dacă vrei.

Percepe energia acelei lumi. Observă cum poate că există o senzație intensă de pace și multă ușurință. Probabil că este un loc unde putem fi împreună și ne putem contribui unii altora.

Probabil că acolo există abundență și ușurință financiară pentru tine și pentru toți cei care sunt dispuși să primească asta. Poate că există o senzație de comuniune și conexiune și ușurință, unde vindecarea este ușoară deoarece punctele de vedere fixe se dizolvă.

Odată ce ai perceput toate acestea, întreabă-te: *Ce dar sunt eu și ce daruri unice ofer oamenilor, daruri pe care nu le-am recunoscut niciodată și care vor permite acestei lumi să devină realitate?*

Observă lucrul acesta. Îți e ușor să faci asta?

Mulți dintre noi avem tendința de a crede că cele mai grozave lucruri despre noi sunt puncte slabe. Eu lucrez cu extrem de mulți oameni buni și cumsecade, acel gen de oameni în preajma cărora trebuie să stai doar o clipă pentru ca toată greșeala, judecata și separarea să dispară din lumea ta. Și cu toate acestea, toată viața ei și-au invalidat acest dar pe care îl au în mod natural.

Ai făcut și tu asta? Poate că ți-ai bagatelizat blândețea sau ai găsit scuze pentru ea sau pentru umorul și pasiunea pe care le ai? Cum ar fi ca, în loc să invalidezi toate aceste trăsături, să începi să le primești?

Dacă am lua acea senzație despre lumea pe care ți-ar plăcea să o creezi și am pune-o alături de darurile tale unice, iată o întrebare pentru tine:

Care sunt trei lucruri pe care le poți cere și solicita ferm de la tine chiar acum, care ar schimba direcția viitorului tău pentru a fi ceea ce ți-ar plăcea ție să fie cu adevărat?

Putem vorbi și emite teorii pe tema creării unui viitor mai strălucit dar, cât de des ne punem ideile în practică? Cât de des facem o solicitare fermă față de noi înșine că vom face și vom fi orice e necesar pentru a crea acel viitor mai strălucit?

Vrei să abordăm acest subiect acum? Dacă da, ai putea spune cele de mai jos:

Voi fi și voi face și voi schimba orice este necesar pentru a crea viitorul care știu că este posibil. Și voi fi blând cu mine pe parcurs. Și tot ce nu permite acest lucru... știi ce urmează.

Te rog să remarci solicitarea aceea din final: să fii blând cu tine. Când adaugi acest ingredient la tot ce am învățat în această călătorie împreună, și îl integrezi în conștientizarea pe care o accesezi acum cu privire la lumea pe care ți-ar plăcea să o creezi – tu, prietene, devii de neoprit.

Sper sincer că percepi cine ești cu adevărat, așa cum ești cu adevărat, și contribuția care ești pe această planetă.

Alege bucuria

Poți alege bucuria pe măsură ce îți croiești drum prin viață? Poate un vindecător să fie fericit sau este asta nepotrivit? Unii dintre noi avem această idee că – vindecători fiind – trebuie să tot suferim până când dispare toată suferința din lume. *Apoi* putem să alegem bucuria pentru noi. Are sens, nu-i așa? Hm, nu, nu are!

> *Oriunde ai decis că misiunea ta este suferința și că faci o treabă cu adevărat bună dacă suferi – te rog să știi că, atunci când suferi, nu ești contribuția care ai putea fi. Tot ce este acest lucru, de un dumnezelion de ori, vrei să distrugi și să decreezi, te rog?* ***Right and wrong, good and bad, POD and POC, all 9, shorts, boys, POVADs and beyonds.***

Eu am punctul de vedere că, de fapt, treaba noastră este să fim fericiți până când toată lumea este dispusă să aleagă fericirea. Fiind noi înșine, putem fi inspirația pentru fericirea, pacea și ușurința care sunt posibile. Să fim noi exemplul, dacă vrei.

Aceasta este percepția mea cu privire la unul dintre cele mai grozave daruri care poți fi pe această planetă: le poți arăta altora ce este posibil. Arată-le că poți avea ușurință cu corpul tău, cu a dărui, cu a primi. Că poți avea bucurie, spațiu, ușurință și împlinire. Că nu trebuie niciodată să fii altceva decât cine ești.

Cum ar fi dacă a fi această inspirație este unul dintre modurile fundamentale de a crea o lume mai bună?

A păși în Regatul lui Noi

Ai auzit vreodată de Regatul lui Noi? Este un loc unde toată lumea este inclusă și nimeni și nimic nu este supus judecății. Sună foarte mult precum conștiința, nu-i așa?

Fără îndoială, căci, în esență, Regatul lui Noi funcționează din conștiința care creează conștientizarea că suntem cu toții interconectați. Avem o senzație de comuniune și conexiune cu toți și cu totul, inclusiv cu pământul de sub tălpile noastre, cu toți și cu tot ce ne iese în cale.

Ce norocoși suntem!

La celălalt capăt al spectrului, avem Regatul lui Eu: un loc care, așa cum te aștepți din ce-i spune numele, este în totalitate despre individ. Este un loc alimentat de judecată și puncte de vedere și, în consecință, un loc în care conflictul, separarea și durerea predomină.

În ce regat ai alege acum să trăiești?

Eu cred că este momentul ca, în cele din urmă, Regatul lui Noi să-și facă apariția. Acel spațiu al unității, unde cu toții să fim darul care suntem, unii pentru ceilalți.

Vii cu mine acolo?

Pot să vă spun, pur și simplu... mulțumesc?

VĂ mulțumesc pentru că v-ați lansat în această călătorie foarte diferită. Vă mulțumesc pentru că sunteți cine și ce sunteți acum în lume.

—

Vă rog să știți că aveți la îndemână o lume de posibilități, mai blândă și mai prietenoasă.

—

Cum ar fi dacă voi, fiind voi cu adevărat, sunteți darul, schimbarea și posibilitatea de care are nevoie această lume? Sunt deosebit de onorat să mă aflu în această călătorie alături de voi. Aștept cu nerăbdare să văd ce vom crea împreună ca viitor. Deoarece...

—

Știți că sunteți genul meu de oameni, nu-i așa?

—

Voi sunteți cei care creați o posibilitate mai grandioasă pentru alții, folosindu-vă propria ființă și energie pentru acest lucru. Voi sunteți cei care schimbați lumea pe plan energetic fiind ceva diferit, invitând în această lume o altă posibilitate. Atât sunteți de geniali, de avangardiști! Ce dar sunteți!

—

Vă rog alegeți bucuria. Fiți impresionați, înviorați, inspirați. Fiți curioși, deschiși, surprinși.

—

Mâna sus dacă știi să dialoghezi cu corpurile!

Resurse

Prim-plan cu fraza de curățare

Pentru cei care doriți să aflați mai multe despre cuvintele și expresiile care compun fraza de curățare Access Consciousness, găsiți detalii în paginile următoare sau pe website-ul Access unde veți găsi un videoclip care o explică mai în detaliu: *theclearingstatement.com*

Iată fraza de curățare:

Right and wrong, good and bad, POD and POC, all 9, shorts, boys, POVADs and beyonds.

Acum, să privim mai îndeaproape aceste cuvinte și expresii super puternice.

Să începem cu Right and wrong, good and bad

Right and wrong, good and bad reprezintă judecățile pe care le ai cu privire la subiectele pe care le eliberezi.

Partea ciudată este că atunci când judecăm ceva ca fiind rău, este de fapt mai puțin limitativ decât când judecăm că ceva este bun. Când judecăm ceva ca fiind rău, cel puțin suntem dispuși să-l schimbăm. Când judecăm ceva ca fiind bun, nu vom lăsa acel lucru să se schimbe deoarece, în sfârșit, avem ceva care ne convine!

Așadar, fraza de curățare dizolvă judecățile cu privire la ceva anume ca fiind bun sau rău, corect sau greșit și deschide spațiul energetic pentru schimbare.

Acum POC și POD

Fraza de curățare te duce înapoi la punctul creației (POC) – sau la punctul distrugerii (POD) – și disloca limitările cauzate de punctul creației, oriunde ar fi început el.

Imaginează-ți că te afli pe drumul vieții tale, iar în mijlocul drumului se află acest copac mare și bătrân al limitărilor de care nu ai putut încă să treci. Pe partea dreaptă se află un munte înalt pe care nu îl poți escalada și pe partea stângă este o prăpastie fără fund.

Ce vei face?

Ei bine, ai putea tăia copacul și ai putea încerca să te asiguri că aduni toate resturile, și buturuga, și rădăcinile... și totuși, de obicei, copacul crește la loc, după cum știm.

Și dacă, în schimb, ai putea porni de la o frunză și merge în jos pe o ramură, apoi să cobori pe trunchi și să mergi înapoi în timp acolo unde sămânța limitării a fost plantată și să o inviți să se dizolve, să dispară, mergând la punctul creației, oriunde ar fi fost acela.

Ce s-ar întâmpla cu acel copac al limitărilor? Ar dispărea instantaneu. Asta face fraza de curățare. Este ca și cum ai trage cartea de joc de la baza unei piramide de cărți de joc. Întreaga construcție se prăbușește!

All 9

All 9 reprezintă cele 9 straturi ale acestei fraze de curăţare. Eu am jucat un rol important în elaborarea acestor 9 straturi şi nici nu-mi mai amintesc care sunt toate. Aşa că nici tu nu trebuie să le ţii minte. Practic, este în felul următor: căutăm să curăţăm cea mai mare cantitate de rahat şi limitări de fiecare dată când rulăm această frază de curăţare. Şi, pentru a face acest lucru, trecem prin fiecare strat care ştim că există.

Dacă dăm la o parte suficient de mult rahat din viaţa ta, pe undeva pe acolo vom găsi poneiul care eşti tu!

Shorts

Shorts este prescurtarea de la ce este semnificativ şi ce este lipsit de însemnătate cu privire la un aspect, împreună cu pedepsele şi recompensele aferente.

Cu toţii ştim că dacă facem ceva semnificativ, se poate întoarce împotriva noastră, nu-i aşa? Cu toate acestea, este mai rău atunci când considerăm ceva a fi lipsit de însemnătate, când NU ESTE aşa. De fiecare dată când consideri ceva a fi lipsit de însemnătate când, de fapt, nu este aşa, se poate întoarce la tine şi-ţi poate cădea în cap ca o ploaie de deşeuri spaţiale.

Un exemplu scurt: Gary, prietenul meu cel mai bun şi fondatorul Access Consciousness, este un „dinspre-capăt-spre-vârf". El stoarce întotdeauna pasta de dinţi dinspre capătul tubului. Ambele lui soţii erau genul care presau tubul la mijloc. Când Gary intra în baie şi le vedea făcând asta, se înfuria sau se frustra. Dar se gândea mereu: „Nu mă pot supăra pentru atâta lucru. Este lipsit de însemnătate."

Timp de aproximativ șase luni, și-a aruncat supărarea în univers, ca un reziduu spațial, pentru că ar trebui să fie „lipsit de însemnătate". Până când, într-o zi, după ce se supărase dintr-un alt motiv, a explodat: „Drăcie! Chiar nu poți să presezi tubul de pastă așa cum trebuie?!"

Asta se întâmplă atunci când consideri ceva a fi lipsit de însemnătate, când de fapt nu este așa: se duce în univers după care îți cade în cap ca o ploaie de deșeuri spațiale, atunci când te aștepți mai puțin.

> *Așadar, tot ce ai decis că este lipsit de însemnătate care de fapt nu este lipsit de însemnătate pentru tine, care avea de fapt un sens, vrei să distrugi și să decreezi, te rog?* ***Right and wrong, good and bad, POD and POC, all 9, shorts, boys, POVADs and beyonds.***

Apoi Boys

Boys sunt sferele nucleate. De câte ori ți s-a spus că trebuie să cureți foile de ceapă pentru a ajunge la miezul problemei și ai curățat, și ai tot curățat și te-ai ales doar cu lacrimi?

Ai participat la workshop-uri, cursuri și sesiuni de meditație... faci toate aceste lucruri și simți: „DA! SUNT LIBER" pentru că ai trecut de o foiță de ceapă. Apoi, la câteva zile, se simte ca și cum a crescut la loc iar tu nu ai ajuns nicăieri.

Asta deoarece nu este o ceapă. Este o structură energetică numită sferă nucleată – chestia la care vrei să ajungi – și încă una în afara ei, și încă una în afara ei și așa mai departe, la infinit.

Așadar, câte cepe ai curățat în toate viețile pe care le-ai avut, pe care încă încerci să le cureți și tot ce obții sunt lacrimi? Gândește-te la toate sferele nucleate care creează lacrimile și care tu ai crezut că sunt cepe. Vrei să le distrugi și să le decreezi acum, te rog? **Right and wrong, good and bad, POD and POC, all 9, shorts, boys, POVADs and beyonds.**

POVADs

POVAD-uri sunt punctele de vedere pe care le eviți și le aperi care mențin în existență aspectul respectiv.

Și ultima parte: Beyonds

Ce este un *beyond*? Ei bine, ai avut vreodată ceva care a apărut și te-a făcut să spui: *Aaaahhhhh!?* Acela a fost un beyond: ceva care te oprește brusc pe loc și care te scoate din momentul prezent. Poate fi momentul în care ai fost concediat, sau când ai aflat că cineva drag a murit, sau când ți-ai surprins partenerul cu altcineva, sau când ți-ai dat seama că datorezi băncii mai mult decât poți câștiga vreodată. *Beyonds* sunt acele lucruri pe care le trăim și care sunt dincolo de gând, dincolo de sentiment și dincolo de emoție.

*Toți beyonds – vrei să-i distrugi și să-i decreezi, te rog? **Right and wrong, good and bad, POD and POC, all 9, shorts, boys, POVADs and beyonds.***

În ce stare îți este capul? Este foarte normal dacă aceste cuvinte îți creează vertij. Înțeleg. Dar dacă le faci un loc în viața ta, ai putea începe să-ți creezi viața pe care ți-ar plăcea să o alegi – și atunci, prietene, îți vei lua zborul.

Cum ar fi să încerci – doar încearcă și vezi ce rezultă.

Nu ai nimic de pierdut în afara limitărilor tale. Cât de eliberator, palpitant și incredibil este acest lucru? Cât de ieșit din comun, de neoprit și de eliberat ai fi în acel caz?

Este acum momentul tău să-ți iei zborul?

Despre autor

Dr. Dain Heer este autor, generator de schimbare și cocreator al Access Consciousness – una dintre cele mai cuprinzătoare modalități de dezvoltare personală. Timp de peste 20 de ani, a călătorit în lumea întreagă, facilitând cursuri și seminare, împărtășindu-și abordarea veselă despre viață, precum și perspectivele sale încurajatoare cu privire la conștiință și creație.

Cu experiență și pregătire de chiropractician, Dr. Dain Heer a dezvoltat o abordare diferită a vindecării, împuternicind și inspirând oamenii să se racordeze la – și să-și recunoască – propriile abilități și cunoaștere. De asemenea, el este un pionier în ce privește înțelegerea energiei subtile și a efectelor ei asupra schimbării, dezvoltând propriul său procedeu numit *Sinteza energetică a ființei* (ESB).

În ghetto-ul din Los Angeles unde a crescut, Dain Heer a fost expus permanent la abuz mental, fizic, emoțional, sexual și financiar de la o vârstă fragedă. Cu toate acestea, nu a ales niciodată să fie victimă. În schimb, a descoperit puterea transformării personale, permisivitatea, curajul și abilitatea de a nu se da bătut ușor. A învățat să transforme provocările vieții într-un dar al puterii.

Mai presus de toate, și-a dat seama că afecțiunea profundă, pe care o avea din naștere față de oameni, nu s-a diminuat niciodată. Cu timpul, Dain Heer a recunoscut că avea abilitatea să-i împuternicească pe oameni să se vindece singuri, când abordau vindecarea într-o manieră nouă și puternică.

El foloseşte un set unic de instrumente şi pune la dispoziţie procese energetice pas cu pas, pentru a-i scoate pe oameni în afara concluziilor şi judecăţilor care îi menţin blocaţi într-o buclă în care nu există nici alegere, nici schimbare, conducându-i astfel spre momente de revelaţie care au puterea de a schimba orice.

Află mai multe despre Dr. Dain Heer pe *drdainheer.com*.

Întâlnire cu
Access Consciousness online

AccessConsciousness.com

DrDainHeer.com

GaryMDouglas.com

BeingYouChangingTheWorld.com

ReturnOfTheGentleman.com

TourOfConsciousness.com

YouTube.com/drdainheer

Facebook.com/drdainheer

Facebook.com/accessconsciousness

YouTube.com/accessconsciousness

Alte cărți scrise de Dain Heer

Dr. Dain Heer este autorul și coautorul multor cărți, multe dintre ele traduse în câteva limbi.

Fii tu, schimbă lumea
Bogățiile potrivite ție
A trăi dincolo de distragere
Cele zece chei către libertate deplină
Banii nu sunt problema, tu ești

A Drop in the Ocean
Embodiment
Magic. You Are It. Be It.
Sex is Not a Four-letter Word, but Relationship Oftentimes Is
Talk to the Animals
The Baby Unicorn Manifesto
The Baby Dragon Manifesto
The Baby Stardust Manifesto
The Home of Infinite Possibilities
The Return of the Gentleman
The Very Greatest Adventure ... Is You Truly Being You
Would You Teach a Fish to Climb a Tree?

Găsești aceste cărți și multe alte titluri prin intermediul magazinului online Access Consciousness. Toate îți vor permite să explorezi mai profund posibilități diferite, pe subiecte precum bani, relații, copii, dependență, corpuri, durere, leadership și multe altele.

Dă pagina către o posibilitate diferită accesând *accessconsciousness.com/shop*.